SÉRIE *O QUE FAZER?*
AUTOESTIMA

Blucher

SÉRIE *O QUE FAZER?*
AUTOESTIMA

Sonia Eva Tucherman

Coordenadoras da série

Luciana Saddi

Sonia Soicher Terepins

Susana Muszkat

Thais Blucher

Série O que fazer? Autoestima
© 2019 Sonia Eva Tucherman
Luciana Saddi, Sonia Soicher Terepins, Susana Muszkat, Thais Blucher
(coordenadoras)
Editora Edgard Blücher Ltda.

Blucher

Rua Pedroso Alvarenga, 1245, 4º andar
04531-934 – São Paulo – SP – Brasil
Tel.: 55 11 3078-5366
contato@blucher.com.br
www.blucher.com.br

Segundo o Novo Acordo Ortográfico, conforme
5. ed. do *Vocabulário Ortográfico da Língua
Portuguesa*, Academia Brasileira de Letras,
março de 2009.

É proibida a reprodução total ou parcial por
quaisquer meios sem autorização escrita da
editora.

Todos os direitos reservados pela Editora Edgard
Blücher Ltda.

Dados Internacionais de Catalogação
na Publicação (CIP)
Angélica Ilacqua CRB-8/7057

Tucherman, Sonia Eva

Autoestima / Sonia Eva Tucherman ; coordena-
ção de Luciana Saddi... [et al.]. – São Paulo : Blucher,
2019.

100 p. (O que fazer?)

Bibliografia

ISBN 978-85-212-1483-0 (impresso)

ISBN 978-85-212-1484-7 (e-book)

1. Autoestima 2. Psicanálise I. Título. II. Saddi,
Luciana. III. Série.

19-0858 CDD 158.1

Índice para catálogo sistemático:
1. Autoestima

Conteúdo

A série *O que fazer?* Luciana Saddi   7

Introdução   9

1. Alterações de medida: a gangorra da autoestima   13
2. O outro é igual a mim   15
3. Autoestima na vida cotidiana   19
4. As dicas e os *likes*   29
5. Maria vai com as outras   33
6. A paixão por si mesmo   39
7. Ligando os pontos: narcisismo e alteração da medida da autoestima   51
8. Limites nossos do dia a dia   55
9. O adolescente se acha o maioral   59
10. Em busca da valorização   63

11. Mas, afinal: como se adquire autoestima? 69

12. Abastecimento ao longo da vida é a caderneta de poupança de autoestima 79

13. Resiliência 83

14. O que fazer? 87

Referências 91

Filmes recomendados 93

Livros recomendados 97

Músicas recomendadas 99

A série *O que fazer?*

A série *O que fazer?* nasceu de uma dupla necessidade: divulgar de forma coloquial e simples o conhecimento psicanalítico e científico, normalmente restrito à clínica particular, e auxiliar o público leigo a entender determinadas situações e buscar soluções para seus dramas cotidianos.

A psicanálise tem mais de cem anos de experiência em diferentes formas de atendimento. Ela é bastante reconhecida pelo sucesso dos resultados e por um conjunto sólido de reflexões a respeito das questões humanas. Acreditamos que temos muito a contribuir com a sociedade de modo geral. Esta série de livros é a prova do desenvolvimento e crescimento de nosso ofício.

Compartilhar dados confiáveis, fornecidos por um profissional capacitado, sobre problemas atuais nas áreas de saúde, educação e família é o nosso objetivo.

Afinal, quem não se sente perdido, sem saber o que fazer, em meio a tanta informação dispersa e disparatada nos mais tradicionais meios de comunicação e nas redes sociais? A série *O que fazer?*

procura criar um guia, uma espécie de orientador científico – que ultrapasse a mera lista de informações –, possibilitando a compreensão ampla e profunda de determinada situação ou questão, pois acreditamos que compreender está a meio caminho de solucionar. Contudo, não se engane: estes não são livros de autoajuda, pois solucionar nem de longe é sinônimo de resolver e, muitas vezes, significa apenas aprender a conviver com o que pouco podemos modificar. Mesmo assim, é melhor percorrer um trajeto difícil se este estiver devidamente iluminado.

Luciana Saddi

Introdução

Fala-se muito sobre autoestima e sua importância, e não faltam conselhos sobre como incrementá-la. Ensinam-se truques como se olhar no espelho de manhã e dizer para si mesmo, em voz alta: "Eu me gosto! Eu sou bacana!". Quem já fez essa experiência deve ter percebido que de pouco adianta. O sentimento de autoestima não depende de um convencimento racional e lógico, não é controlável pelo raciocínio. Ao contrário, como outros sentimentos, é inconsciente.

> A autoestima faz parte de uma espécie de reservatório *inconsciente* de emoções que todos temos e que dirigem muitas de nossas ações.

O que é autoestima?

No *Dicionário Michaelis Online* consta a seguinte definição para o verbete "autoestima": "Sentimento de satisfação e contentamento pessoal que experimenta o indivíduo que conhece suas reais qualidades, habilidades e potencialidades positivas e que, portanto, está consciente de seu valor, sente-se seguro com seu modo de ser e confiante em seu desempenho".[1] Em poucas palavras, o dicionário nos apresenta uma definição que faz parecer muito simples um conceito que é tão complexo!

A começar pelo "apreço ou valorização que uma pessoa confere a si própria", ou seja, a boa opinião ou o sentimento de valor que cada pessoa tem em relação a si mesma. Porém, quantas vezes ouvimos dizer que fulano tem alta autoestima? Ou beltrano tem baixa autoestima? Então, a autoestima é sempre medida assim, alta ou baixa?

Na verdade, não é dessa maneira que acontece.

Medida da autoestima

Observe a palavra autoestima. Veja que é composta de dois termos conhecidos: *auto*, com o sentido de *si mesmo*, como em autodidata (aquele que aprendeu alguma coisa por si próprio, sozinho); e *estima*, que significa afeição, amor. Portanto, afeição por si mesmo.

Mas o importante é que esse "si mesmo" inclui *tudo* o que somos. A *genuína autoestima* é gostar de si incluindo todas as suas características. É reconhecer os próprios valores, atributos, qualidades, competências e, *ao mesmo tempo*, reconhecer, tolerar, aceitar e tentar lidar com as incompetências, as falhas, as características que não se aprecia em si.

---

1 Dicionário Michaelis Online. 2019. Disponível em: https://michaelis.uol.com.br/moderno-portugues/busca/portugues-brasileiro/autoestima/. Acesso em: 05 abr. 2019.

> Autoestima é o sentimento de apreço que o indivíduo tem pela pessoa que ele é, em sua totalidade.

Todos nós temos aspectos que prezamos e também outros que não apreciamos muito. Mas mesmo esses dos quais não gostamos fazem parte inseparável da pessoa inteira que somos. A nossa verdadeira identidade é composta pelo conjunto de tais elementos.

Digamos que você goste de algumas qualidades suas, por exemplo, sua generosidade e sua solidariedade, e deprecie aspectos que considera feios ou inadequados, como sua impaciência e seu ciúme. Pode acontecer de você valorizar muito as virtudes enquanto tenta esconder o que julga serem fraquezas. Às vezes, você se esforça para esconder dos outros, mas, outras vezes (muitas aliás), luta para esconder de si mesmo tudo que lhe pareça deficiência, desdouro ou pecado.

Quando se vê sendo generoso, você se enche de orgulho, se tem na mais alta conta. Você se sente uma pessoa superbacana. E parece alguém que tem uma *alta autoestima*. Porém, quando você se pega com ciúme de alguém, se sente um fraco, se despreza. E parece alguém que tem uma *baixa autoestima*.

Outro exemplo: você faz uma prova de geografia e acerta tudo, tirando nota 10. Você se sente o máximo, um gênio. Até parece alguém que tem uma *alta autoestima*. Pouco depois, faz uma prova de matemática e erra tudo, tira zero. Você se sente incapaz, um burro, se despreza e parece alguém que tem uma *baixa autoestima*.

Nos dois exemplos, se pode ver que você não está levando em conta todos os aspectos de sua pessoa ao se avaliar. Você foca apenas em um ponto, a nota 10 ou a nota 0, e a sua avaliação de si mesmo muda de dez para zero. Você é o máximo ou é o mínimo.

Mas o fato é que você é a mesma pessoa. Você é uma só. É aquela que tira dez, e também a que tira zero. Essa é a sua totalidade.

Quando sua avaliação de si mesmo oscila desse jeito, de zero a dez, não é o que estamos chamando de autoestima genuína. A alta autoestima e a baixa autoestima não são verdadeiras autoestimas, porque não estão na medida.

O sentimento de autoestima autêntico nem mesmo é percebido, a gente nem sente que existe. É um sentimento que nos habita internamente, nos pertence. Sua existência só é notada quando há uma alteração da medida. É exatamente como o coração, que está lá no tórax, batendo, funcionando normalmente, e a gente não sente que ele existe. Se seu ritmo se alterar, aí sim, se vai perceber que ele existe.

> A autoestima, como o coração, é imperceptível quando está funcionando normalmente, sem alterações.

Assim, quando usamos os adjetivos alta ou baixa para qualificar a autoestima, estamos nos referindo a uma situação em que há uma alteração de medida.

1. Alterações de medida: a gangorra da autoestima

Quando há alteração na medida da autoestima, a tendência é que a pessoa se sinta vivendo em uma gangorra: ora se sentindo o máximo, ora se sentindo o mínimo. Ora se sentindo no alto, acima de outros com quem se compara, ora se sentindo embaixo, menos que os outros. Ou seja, uma vida de alternâncias que são, além de exaustivas, bastante desgastantes emocionalmente.

Observe um ponto importante: a questão da comparação! Quando a autoestima oscila no padrão da gangorra, há sempre alguém no alto e alguém embaixo. Quem está no alto pode ficar embaixo em outro momento, e vice-versa. Portanto, há sempre uma comparação com alguém. Há sempre um sinal de mais ou de menos na frente de seu nome.

O indivíduo não é capaz de ter uma noção real daquilo que ele é isoladamente, em termos absolutos. Sabe apenas que é mais ou menos que alguém. Ele sabe de seu valor relativo, qual é o seu valor *em relação a* alguém.

Quando a pessoa tem uma boa medida de autoestima, ela é capaz de se sentir valorizada sem necessidade de um sinal de mais ou de menos. Ela tem noção real de quem ela é.

Sou + que fulano

Sou – que beltrano

Tenho sempre um sinal de + ou de – junto do meu nome

Se retiro o sinal de +: não sei quem sou eu

Se retiro o sinal de –: não sei quem sou eu

Então, quem sou eu de verdade?

Não preciso de sinal de +

Não preciso de sinal de –

Não preciso me comparar para saber meu valor

Sei quem eu sou de verdade.

2. O outro é igual a mim

A sabedoria popular nos ensina que é preciso, antes de mais nada, gostar de si mesmo. A partir daí, tudo fica mais fácil.

De fato, a vida fica mais leve, principalmente no que se refere às relações interpessoais. E por que isso acontece?

É muito comum termos a impressão de que os outros sentem da mesma forma como nós sentimos. Assim, se me sinto bonita, minha tendência é imaginar que os outros também me acham bonita. Isso até que é vantajoso, sem dúvida, pois me faz sentir segurança ao me aproximar das pessoas em volta.

O problema é a tal gangorra, lembra? Quando me sinto feia, minha tendência é imaginar que os outros também me acham feia.

> Vejo nos outros um espelho do que eu sinto.

Todos em volta de mim se tornam uma cópia de meus sentimentos – ou quase todos; na verdade, aqueles com quem me importo e cujas opiniões a meu respeito me interessam e preocupam.

Este movimento é inconsciente, é um mecanismo mental bem conhecido pelos psicanalistas. Não percebo que estou colocando meus pensamentos dentro da cabeça da outra pessoa. Quando faço isso, é sem me dar conta, o que faz com que eu realmente acredite que a outra pessoa me acha feia. A consequência imediata é que vou me relacionar com essa outra pessoa com certo mal-estar, me sentindo incomodada, pois terei a certeza de estar diante de alguém que me acha feia!

É como se não houvesse diferença entre eu e o outro, entre o que eu penso sobre mim mesmo e o que o outro pensa sobre mim. Como se a cabeça do outro fosse apenas um repetidor, um *replay*, daquilo que se passa dentro da minha. Como se meus pensamentos escorressem, se misturassem e se confundissem com a outra pessoa.

Perco a noção de que a outra pessoa não é uma cópia minha.

Quanto equívoco! A vida fica bem difícil quando esse tipo de mecanismo domina as relações, sejam elas familiares, sociais ou profissionais, pois tal forma de se relacionar (que é, repito, inconsciente) afeta qualquer tipo de relacionamento.

Quando há alteração da autoestima, a imagem que fazemos de nós mesmos também fica alterada. Não temos a possibilidade de avaliar corretamente a pessoa que somos. Tal imagem alterada será o modelo do que imaginamos estar dentro da cabeça dos outros. Se penso que sou incompetente, minha tendência é imaginar que os outros me verão da mesma forma. Se penso que sou genial, minha tendência é imaginar que os outros me acham genial.

Mas cada cabeça, uma sentença, diz o dito popular. Cada pessoa tem seus próprios pensamentos e opiniões, e nós não somos telepatas para adivinhar o que se passa dentro da cabeça da outra pessoa. A não ser que o outro me diga, não tenho como saber o que ele pensa.

Portanto: se penso que sou incompetente, isso é uma ideia minha apenas, de mais ninguém. E, provavelmente, estou com a medida da autoestima alterada. O mesmo se dá com ideias de superioridade, quando penso que sou um gênio.

Porém, não podemos descartar a possibilidade de que eu seja incompetente em determinada área e que esteja fazendo uma avaliação correta de minha atuação. Nesse caso, não há alteração da autoestima, ao contrário. Sou capaz de me avaliar com certa imparcialidade e tenho a capacidade de aceitar minhas limitações. E isso não me deixa arrasado, não me faz sentir diminuído diante de ninguém. É uma constatação que faço com serenidade, pois sei que tenho outras competências em áreas diversas daquela.

O que penso de mim é um pensamento meu, apenas meu, e é preciso que eu tenha em mente o fato de que há uma barreira invisível entre mim e os habitantes do mundo – barreira que permite que tenhamos privacidade, que não sejamos transparentes.

3. Autoestima na vida cotidiana

A história da Carol

Carol é uma jovem que se acha feia e burra. Ela é bonita, alta, com o corpo proporcional, advogada, e trabalha em uma firma de advocacia. Ela não se sente bem no trabalho porque tem convicção de que seus colegas a acham burra, já que não se aproximam para conversar sobre as tarefas. Está convicta também de que a acham feia e chata, pois não lhe chamam para sair depois do expediente, enquanto, entre eles, conversam e fazem programas.

Por se se achar feia e burra, Carol se mantém distante dos colegas, envergonhada de sua burrice e de sua feiura. E acredita piamente que todos pensam igual a ela. Mergulha em sua papelada, sempre sozinha em sua mesa, sem se comunicar com ninguém. Em uma ocasião em que um colega se aproximou e, com humor, lhe disse que se afogaria nos papéis, ela interpretou o comentário como um deboche em alusão à sua burrice. Fez uma cara de desagrado (e deve ter ficado feia!), espantando o colega que somente queria ser simpático.

Carol tem uma forte alteração na medida de sua autoestima. Seus pensamentos sobre si mesma são de desprezo. São tais pensamentos que ela projeta, isto é, transporta para as mentes de seus colegas. Estes se tornam, então, pessoas que, na concepção de Carol, lhe desprezam.

Ela não é capaz de perceber os colegas como eles são realmente. Não escuta o que lhe dizem de verdade, é tomada por uma espécie de surdez que distorce o que lhe é dito. Por isso, nem mesmo é capaz de perceber a simpatia do colega. Ela ouve apenas sua própria voz que, dentro de sua cabeça, diz palavras más que ficam ecoando, ecoando, ecoando: "você é feia e burra, você é feia e burra...".

Carol não percebe que ela e os outros são diferentes.

Há uma barreira entre a minha mente e a mente do outro.

Para Carol, seus colegas nada mais são que meros ecos de seus terríveis pensamentos. O resultado final dessa história é que ela se isola, se exclui do grupo, e aparenta ser uma moça antipática e mal-humorada. Ora! Quem vai querer se aproximar de alguém assim?

Os colegas se afastam, naturalmente. Mas Carol não percebe que ela criou, inconscientemente, um ambiente desagradável ao seu redor. Ao contrário, fica cada vez mais convicta de que seus colegas se afastam porque, de fato, não gostam dela por ser feia e burra. Que encrenca!

A história de Carla e Fábio

Carla e Fábio começaram a namorar há dois meses. No início, parecia haver uma total sintonia entre os dois. Carla trabalha em um salão de beleza e ganha bem mais que Fábio, que é eletricista autônomo. Essa diferença não foi um problema para Carla, o casal fazia programas que se ajustavam ao orçamento limitado de Fábio.

Carla estava feliz e demonstrava sua paixão com carinhos, e também com presentes – peças de vestuário masculino –, que eram recebidos por Fábio com certo constrangimento. No dia em que comemoravam os dois meses de namoro, Fábio deu para Carla um prendedor de cabelo (simples e bonito) e recebeu com desagrado a caixa que sua namorada lhe oferecia. Era grande, muito bem embrulhada, cheia de laços, e Fábio pressentiu que era algo caro. Era um belo tênis, objeto de desejo de Fábio. Mas o maior desejo dele não era o tal tênis, e sim ser valorizado por Carla. Estava justamente aí a verdadeira pobreza de Fábio: pobre de valorização por si mesmo.

Ele olhou para o tênis e, imediatamente, lhe vieram à mente pensamentos sobre sua incapacidade de ganhar dinheiro, como ele era um pobre coitado, como não poderia comprar aquele objeto de seu desejo, como era inferior à sua namorada que tinha dinheiro, como o seu presente – o prendedor de cabelo – era pequeno, ridículo até, frente àquele tênis chique. Sem que se desse conta, olhou para Carla e imaginou ver em seu rosto um ar de desprezo pela sua pobreza, junto com um certo ar de superioridade. Sentiu que estava sendo humilhado pela garota, sendo até desprestigiado em sua masculinidade.

Fábio terminou o namoro ali mesmo, naquela hora. Deixou Carla triste e sem entender o que tinha acontecido. "Afinal", pensava ela, "tudo o que eu queria era agradá-lo!".

A desmedida na autoestima de Fábio é flagrante para qualquer um que ouça essa história. Para qualquer um, menos para ele mesmo. Quando Fábio conta para algum amigo por que terminou o namoro com Carla, ele relata não o que aconteceu na realidade, mas o que ele viu e sentiu, com a distorção provocada pelo seu sentimento de autodesvalorização.

A versão na qual Fábio acredita piamente é que Carla quis humilhá-lo comprando para ele um presente caro, cujo preço ultrapassa suas poucas posses. E mais: que Carla lhe lançou um olhar superior, desprezando-o e demonstrando que o considerava pouco macho.

Podemos pensar que Fábio é produto de uma cultura machista que ainda prevalece em nossa sociedade, segundo a qual cabe ao homem o lugar de provedor financeiro, e à mulher, o lugar de sustentada, protegida, uma receptora incapaz de autonomia. Nesse modelo, o homem que ganha menos que a mulher é fraco, inepto, frouxo; em suma, impotente.

Porém, mesmo considerando que a cultura machista favorece tal sentimento de desvalia quando o homem não é o abastecedor infalível e a mulher tem rendimento superior ao dele, é preciso levar em conta a singularidade de cada indivíduo. Fábio tem uma imagem bastante desfavorecida de si mesmo e não suporta a ideia de ter menos dinheiro que seu *ideal de homem* deveria ter.

> Exijo e cobro de mim mesmo que eu corresponda a uma imagem ideal, desqualifico e desprezo o que sou e tudo o que conquisto.

Para Fábio, dinheiro é sinônimo de força, masculinidade, potência. Assim, despreza a si mesmo pelo que considera sua pobreza. Uma voz dentro de sua cabeça – voz que é dele próprio – lhe chama de incapaz, frouxo, broxa. Fábio ouve apenas a sua voz dizendo palavras más que ficam ecoando, ecoando, ecoando: "você é pobre, desqualificado, impotente...". É esse desprezo que ele pensa vir de Carla. Não percebe que vem de dentro de si.

Incapaz de apreender a realidade, Fábio reage movido por diversas emoções que levam à distorção dos fatos. É como se fosse tomado por uma cegueira e uma surdez para o que vem do mundo exterior. Fábio não percebe que ele e Carla são duas pessoas diferentes, cada qual com sua opinião e sua visão de mundo.

Para Carla, Fábio não é um pobre desvalido, muito menos impotente. Ela estava feliz com seu namorado, tudo o que queria era agradá-lo, e sentia que ele merecia um carinho especial. Seu presente foi escolhido com cuidado, algo de que Fábio gostaria muito; enquanto comprava o tênis, antevia com prazer a alegria que proporcionaria ao seu namorado.

O plano de Carla foi por água abaixo. Ela, que nunca se importou com riqueza financeira, sofreu na pele os efeitos da pobreza de autoestima de Fábio. Nem um, nem outro conseguiu compreender o que de fato se passou entre os dois. As misteriosas emoções inconscientes de Fábio dominaram e gerenciaram os acontecimentos.

Entre parênteses: idealização

Embora tenham sido inconscientes as emoções que dominaram Fábio e conduziram os acontecimentos para um final cheio de mal-entendidos, vale lembrar um sentimento que, talvez, Fábio percebesse nitidamente em si: o desejo de ser outra pessoa.

"Você já quis ser outra pessoa?", era a pergunta no cartaz de divulgação do filme *Quero ser John Malkovich*, em que o protagonista descobre um portal que leva ao interior da mente do famoso ator, permitindo que os interessados passem 15 minutos vivendo na sua pele. O roteiro cinematográfico realiza um sonho comum: querer ser um outro. O que se passa nos tais 15 minutos não é aquilo que imaginamos como uma vida glamourosa, plena de satisfações. A pessoa real mostra-se diferente da imagem construída pela imaginação dos fãs. A realidade não coincide com o *conteúdo da ideia*, expressão que origina a palavra *ideal*, ou seja, aquilo que só existe na imaginação e que, por isso, adquire a qualidade de suprema perfeição.

As celebridades são facilmente endeusadas e eleitas como modelos que lutamos para manter incólumes, para que nos sirvam de espelho. Afinal, se eles existem, por que não você, eu e todos em volta, por que não podemos ser também deuses? Aliás, não só podemos: devemos! Exigimos que assim seja!

Pode parecer que tal estado de espírito exigente da "mais perfeita perfeição" tenha sido estimulado pela publicidade da sociedade consumista, mas não nos enganemos. Todo este fomento é semeado no solo fértil de nossas mentes, que conhecem a *idealização* desde uma época remotíssima da qual não temos lembrança consciente, mas cujas vivências ficaram registradas em uma memória inconsciente – a memória das experiências emocionais. Estas podem gerenciar atos e sentimentos atuais sem que nos demos conta.

A *idealização* é um mecanismo psíquico bastante conhecido pela psicanálise. Está presente na mente primitiva do bebê, que tem, na pessoa que dele cuida (em geral, a mãe), o ídolo único de sua vida, fonte de sua subsistência. É claro que um bebê não tem recursos suficientes para compreender que existe alguém ali satisfazendo suas necessidades. Ele apenas sente que há uma correspondência entre o que ele precisa/deseja e o que surge diante dele. Parece mágica. E é justamente esta a sensação que o bebê tem: de que ele próprio cria, magicamente, aquela fonte de satisfação. O mundo é o que ele cria. A "mãe" é a continuação do *conteúdo de suas ideias*, portanto, ele mesmo. O bebê é um pequeno deus que cria uma deusa com poderes de lhe atender plenamente. Assim nos apaixonamos pela primeira vez na vida.

E como toda paixão – emoção que vai nos visitar ao longo da vida (por alguém, uma crença, um time etc.) –, é permeada por frustrações desde os primeiros tempos. Aquela figura materna logo se mostra imperfeita: às vezes, não aparece na hora exata, às vezes, não entende o bebê... A deusa provedora transforma-se em monstro, a bruxa do mal, fonte do sofrimento da fome, da cólica, do desamparo.

Urge organizar esta confusão. Constitui-se então, no psiquismo, uma separação em dois mundos opostos, onde habitam figuras e sentimentos opostos, um lado isolado do outro para que não se confundam nem se comuniquem. De um lado, está tudo que é bom, todo o bem. De outro, tudo que é ruim, todo o mal. Tenta-se, assim, preservar a imagem da bendita fada imaculada, habitante do mundo onde se mantêm as *idealizações*. É fácil deduzir que, se ganhamos o paraíso em um lado, teremos, no outro, o inferno. E assim inaugura-se o maniqueísmo em nossas vidas.

Porém, o desenvolvimento emocional vai se processando e, na medida em que o bebê vai percebendo que existe uma pessoa cuidando dele, a mãe – que é tanto aquela que o satisfaz quanto a que frustra –, o muro que separa os dois mundos vai se tornando mais permeável, os opostos vão se aproximando e permitindo que surja uma figura nem tão ao céu, nem tão ao inferno: mais real, terrena e humana.

Freud já falava sobre o medo que temos do relacionamento com os outros seres humanos. É aí, na relação com nossos semelhantes (que são na realidade muito diferentes de nós e dos desenhos que criamos em nossas fantasias), que aquele bebê que já fomos – e que permanece vivo em nossos inconscientes – pode tomar as rédeas de nossas emoções e utilizar estratégias próprias da tenra infância. A *idealização* é uma delas. Traz a sensação de um tom mágico na vida, a ilusão de que o entorno e nós podemos ser divinos e maravilhosos.

É apenas uma ilusão, felizmente. O ser humano, com suas dores e delícias de ser o que é, como canta Caetano Veloso, sempre será muito mais rico que falsos deuses.

A *história da Helena*

Helena não tem certeza de que é alguém de valor. Desconfia de seus atributos, que são muitos, com destaque para sua empatia e sua consideração pelas pessoas à sua volta. Seu irmão se aproveita de sua generosidade explorando Helena financeiramente, sempre contando histórias para justificar sua constante penúria. Relata injustiças, roubos, e toda sorte de misérias. Helena se sensibiliza e acaba provendo o irmão de carinho, acolhimento e... dinheiro.

No dia que o irmão reclamou que a quantia dada era pouca, Helena se irritou, percebeu o disparate da situação e se recusou a satisfazer os caprichos do rapaz. Ele ficou enraivecido e, gritando, acusou Helena de egoísmo, mesquinhez, deslealdade.

Helena não conseguiu dormir naquela noite. Revirava em seus pensamentos as acusações que o irmão lhe fizera, e começava a achar que ele devia ter razão. Afinal, coitado!, ele estava desempregado, enquanto ela tinha estabilidade profissional – conquistada, aliás, às custas de muito esforço.

Mas, como já sabemos, Helena não tem certeza de que é alguém de valor. Então, as acusações do irmão caíram como sementes em terreno fértil. Se ela tivesse confiança de que é uma boa pessoa, com valores firmemente fincados em sua personalidade, as palavras do irmão cairiam no vazio. Não surtiriam efeito algum. Mas Helena, ao contrário, não sabe quem ela é. E se o irmão lhe diz que ela é egoísta, ela acredita. Se lhe diz que é desleal, ela duvida de sua lealdade.

Podemos dizer novamente que Helena não percebe que ela e o irmão são diferentes, que ela é *ela mesma*, independentemente do que possam pensar dela. Sua autodesvalorização não lhe permite perceber o quanto é generosa, que merece tudo que alcançou, que a estabilidade financeira veio com o crescimento profissional, após muita dedicação aos estudos.

> A autoestima alterada em sua medida pode apagar da memória aspectos pertencentes à pessoa.

No caso de Helena, há um apagamento dos seus aspectos positivos. Então, Helena tem a sensação de que ganhou tudo magicamente. E que o coitado do irmão não foi agraciado pelos céus como ela.

Eis aí o terreno fértil de Helena, onde as acusações do irmão caíram como sementes e fertilizaram facilmente. Bem antes das acusações do irmão, Helena já dizia para si mesma que não merecia seu sucesso, que era uma injustiça a diferença entre ela e o irmão, que ela era egoísta, e até mesmo que, talvez, tivesse contribuído de alguma forma para o fracasso do irmão.

É comum que os membros de uma família ocupem funções determinadas, como se fossem lugares marcados para cada um. Helena, por exemplo, parece ter ocupado o lugar da sortuda egoísta que tem a função de salvar o irmão. Este ocupa o lugar do necessitado, da vítima. Há diversos lugares que se podem observar, às vezes, em algumas famílias: o competente, o problemático, o mandão, o organizador, o observador etc. Quando se estabelecem tais lugares, é bem difícil escapar deles. A família se sustenta em um aparente equilíbrio que depende da manutenção das posições de cada um.

No entanto, é um equilíbrio instável que tende a ser perturbado mais cedo ou mais tarde.

A história de Helena me lembrou a cena de um filme do genial Charles Chaplin e de seu personagem Carlitos. No *Em busca do ouro*, há uma cena[1] em que Carlitos está em um barracão com outro vagabundo, um homem grande, gordo, feio, com ar perigoso. Ambos estão esfomeados. Já comeram sola e cadarço de sapato. De repente, o grandão começa a alucinar de fome, olha para Carlitos e "vê" um enorme frango. Ora, um frango é tudo o que ele queria! Imediatamente, começa uma cena muito engraçada de perseguição, o grandão querendo matar o frango para comê-lo, e Carlitos (com figurino de galinha) fugindo do algoz.

O fato de ser visto pelo grandalhão como um frango não transforma Carlitos em um frango. Carlitos continua sendo o que sempre foi, mas é preciso que ele tenha noção exata de quem ele é para que não corra o risco de duvidar de si mesmo e acabar se sentindo mesmo um frango, deixando-se abater pelo outro!

---

1 Disponível em: <https://www.youtube.com/watch?v=VtsjV12rf9g>. Acesso em: 30 set. 2017.

4. As dicas e os *likes*

Nos últimos tempos, não faltam dicas de como incrementar a autoestima, seja nas redes sociais, nos programas de TV, nos canais do YouTube ou nas rodas de conversa. Tente digitar "dicas para autoestima" no Google: de imediato, surgem 10,7 milhões de resultados!

São conselhos do tipo:

- quando o pensamento negativo surgir, repita dez vezes: "este pensamento não tem força sobre mim";
- alimente-se bem;
- tenha grandes objetivos;
- use todos os seus talentos;
- viva o momento focando nas pequenas coisas boas do dia a dia;
- para cada crítica que fizer, faça também um elogio;
- olhe-se no espelho e aprecie sua beleza;
- usufrua da natureza.

Não tenho dúvidas de que muitas das milhões de dicas sejam interessantes e possam ser consideradas até sábios conselhos. Porém, é difícil acreditar que de fato surtam efeito sobre um sistema tão sofisticado quanto a autoestima.

E chama a atenção que haja um número tão imenso de sites que se dedicam a dar orientações, tantos vídeos com conselhos, palestras, entrevistas, além dos programas de TV, revistas, livros etc. Por que há tanto público quando o assunto é autoestima?

Parece que é um bem precioso que anda em falta, se tanta gente busca encontrá-lo.

> Não há dúvida de que a autoestima é um tesouro de valor inestimável.

Mas por que anda em falta? Falta mais autoestima hoje que no passado? Nossos ancestrais se sentiam melhor com eles mesmos que nós?

É possível que sim. Não temos como comprovar tal hipótese, porém, observando as exigências que nos fazem as mídias contemporâneas, podemos imaginar que manter a autoestima preservada enquanto se é *apenas aquilo que se é* não é tarefa fácil para nosso psiquismo.

Os apelos são para que sejamos belos, inteligentes, profissionais de sucesso etc. e com inúmeros *likes* nas redes sociais. Os sujeitos comparam os *likes* que receberam em suas postagens, confundindo o conhecido sinal de positivo da mão com o polegar para cima com uma declaração de amor à sua pessoa. Quanto mais *likes*, mais o sujeito é popular, e a popularidade é vivida como sinônimo de amor. E mais ainda: é a prova de que o sujeito está vivo, existe no mundo!

E se não há respostas à postagem feita, a consequência, em geral, é um sentimento de frustração misturado a tristeza pela sensação de falta de afeto. Daí para uma imersão na autodesvalorização é um pulo. E, junto, um sentimento de quase inexistência no mundo.

Parece que receber um *like* é questão de vida ou morte, o que lembra a Roma antiga. Naquela época, o imperador ficava sentado em seu trono assistindo às lutas dos gladiadores. Cabia a ele decidir se um dos lutadores morreria ou não. E, de seu trono, ele fazia apenas um gesto: polegar para cima ou para baixo. Vida ou morte! O polegar do *like* escraviza o público, e cabe a ele decidir quem tem valor, quem permanecerá vivo e quem será sacrificado.

Esse fenômeno não é restrito aos adultos. Crianças e adolescentes estão submetidos ao mesmo drama. Se a autoestima depende tanto de provas do exterior – provas que podem vir em um dia e no dia seguinte podem faltar –, há uma volatilidade semelhante à gangorra da comparação, sobre a qual falei anteriormente. Em um dia, a pessoa está lá no alto, se sentindo o máximo. No outro, se sente o mínimo, um lixo desprezível.

Se você é uma dessas pessoas dependentes de reafirmações externas que confirmem constantemente seu valor, a medida de sua autoestima está alterada. E, infelizmente, não há truques nem programações para controlar sentimentos profundos, muitas vezes inconscientes. Mas é possível reconhecê-los e transformá-los internamente por meio da reflexão sobre a própria subjetividade, um mergulho de cabeça no íntimo de fantasias, sonhos e desejos.

A melhor dica é ir em busca do autoconhecimento, tentando estabelecer um diálogo sincero com você mesmo.

5. Maria vai com as outras

Lá na Introdução, citei o que consta para o verbete "autoestima" no *Dicionário Michaelis Online*. Vamos lembrar: "Apreço ou valorização que uma pessoa confere a si própria, permitindo-lhe ter confiança nos próprios atos e pensamentos".

Refletimos um pouco sobre a primeira parte dessa definição, ou seja, a boa opinião ou o sentimento de valor que cada pessoa tem em relação a si. A segunda parte – ter confiança nos próprios atos e pensamentos – é consequência da primeira.

> Para que uma pessoa tenha confiança de que suas opiniões e escolhas têm valor, é preciso que ela tenha uma boa imagem de si mesma.

É preciso que ela acredite que é capaz de criar algo que vale a pena ser valorizado, sejam suas ideias ou seus atos. Se o indivíduo acredita que é alguém sem mérito algum, que, de dentro de si, nunca sai nada que preste, ele não consegue emitir uma opinião própria, pois está tomado pelo medo de que tudo o que disser seja bobagem.

E como esse indivíduo não confia em seus pensamentos, em suas ideias, também não é capaz de tomar decisões, sempre em dúvida sobre sua capacidade de avaliar o que é bom para si. A medida de sua autoestima está alterada, há uma dependência de confirmações externas que corroborem seu valor. O que pode acabar acontecendo com essa pessoa?

Uma consequência bastante comum é que se transforme em uma "maria vai com as outras". Há um canal no YouTube com esse nome, em que duas garotas portuguesas dão dicas de beleza. Que pena! Chamar seu canal de "maria vai com as outras" é justamente estimular seu público a copiar em vez de escolher.

Talvez nem todos conheçam a origem de tal expressão, pois é antiga e saiu de moda. Mas seu sentido continua bem atual. Há muitas Marias – e Joões – que vão com os outros sem pestanejar. Repetem o que dizem os outros, seguem opiniões, se deixam convencer com facilidade, e parecem cordeirinhos obedecendo a comandos.

Sem que percebam, copiam um jeito de ser que não lhes pertence. Por isso, carregam a sensação de serem falsos, de que são um engodo. Não se sentem verdadeiros. E, pensando bem, não são mesmo verdadeiros. Tentam ser cópias, xerox de modelos que são considerados "o jeito ideal de ser".

Atualmente, uma legião de fãs considera os blogueiros e os youtubers seus ideais. Se, no passado, eram os artistas de Hollywood que influenciavam moda, padrão de beleza e comportamento, hoje os influenciadores estão na internet, determinando modelos que são seguidos quase automaticamente, sem pestanejar.

Você quer ser alguém que se destaca na multidão? Sim!, é a resposta natural. O caminho mais procurado é copiar alguém que alcançou esse ideal: seguir um blogueiro famoso, obedecer a suas dicas sobre o que se deve usar, como se deve falar, dançar, se relacionar e, principalmente, o que comprar e o que não comprar.

Mas não se iluda. As informações reproduzidas nos blogs podem parecer banais e espontâneas, mas, naqueles de sucesso, elas são cuidadosamente escolhidas pelos blogueiros. Os pequenos detalhes, as manias, as opiniões são expostos de forma a criar um personagem atraente, com o qual o máximo possível de pessoas possa se identificar. E a construção do público fiel se faz pela organização de eventos virtuais no blog, como enquetes, sorteios e estímulo para posts dos seguidores.[1]

Talvez você nunca tenha se perguntado como blogueiros e youtubers ganham dinheiro. Pois saiba que eles são pagos pelos anunciantes que aparecem em *banners* ou nos produtos indicados. Ganham por cliques ou por comissão caso você compre algo em um site anunciado no blog. Por isso, o consumo é estimulado, não para atender às necessidades básicas, mas para abastecer essa imensa quantidade de pessoas que buscam marcar uma posição social, buscam se construir como sujeitos pela via do consumo.[2]

É claro que há leitores de blogs que apenas consultam informações sobre os mais diversos temas, não absorvem tudo como lhes é apresentado. Estes são indivíduos livres, autônomos, que têm opinião própria e certamente não se encaixam no tipo "maria vai com as outras". Há uma antiga história que mostra bem este tipo de funcionamento mental:

---

1 Procati (2011).
2 Lemos (2013).

O velho, o menino e o burro[3]

O burrico vinha trotando pela estrada. De um lado vinha o velho, puxando o cabresto. Do outro vinha o menino, contente, que o dia estava fresquinho e o sol brilhava no céu.

Sentados no barranco estavam dois homens. Quando viram o burro, o velho e o menino, disse um para o outro:

– Veja só, compadre! Que despropósito! Em vez do velho estar montado no burro, vem a pé a puxar por ele!

O velho e o menino olharam um para o outro. Assim que viraram a primeira curva, o velho parou o burro e montou-o. O menino segurou o cabresto e lá se foram os três, muito satisfeitos.

Até que perto da ponte havia uma casa com uma mulher à janela.

– Olha só, Maria, vem ver isto! O velho no bem-bom, montado no burro, e o pobre do menino andando a pé!

O velho e o menino olharam de novo um para o outro. Assim que saíram do alcance da vista da mulher, o velho desceu do burro e sentou o menino na sela. E foram andando um pouco ressabiados, o velho puxando o burro pelo cabresto, pensando no que o povo podia dizer.

Logo, logo, passaram por uma porta onde estavam paradas uma velha e uma menina.

---

3 Mendes (2016).

– Mas que absurdo! Um velho que nem se aguenta nas pernas a andar a pé, e a criança, bem sem-vergonha, escanchado no burro!

Os dois se olharam e nem esperaram. O velho mais que depressa montou na garupa do burro e lá se foram os três, o velho e o menino montados no burrico.

Dali a pouco encontraram um padre e o sacristão que vinham pela estrada:

– Olha só, que pecado, onde é que já se viu? O pobre do burro, coitadinho, carregando dois preguiçosos! Mas isso é coisa que se faça?

O velho e o menino, desanimados, desmontaram e nem discutiram, saíram carregando o burro nas costas!

Mas nem assim o povo sossegou! Cada vez que passavam por alguém, era só risada!

– Olha só os dois burros carregando o terceiro!

Quando chegaram em casa, o velho sentou cansado, se abanando:

– Bem feito! – ele dizia. – Bem feito!

– Bem feito o quê, vô?

– Bem feito para nós. Que a gente já faz muito de pensar pela própria cabeça, e ainda quer pensar pela cabeça dos outros. Agora eu sei por que é que meu pai dizia:

"Quem quer agradar a todos, a si próprio não faz bem! Pois só faz papel de burro e não agrada a ninguém!"

Sábias palavras do velho ao final da história! Acompanhe comigo, relembrando o que foi dito antes:

- "Autoestima é apreço ou valorização que uma pessoa confere a si própria, *permitindo-lhe ter confiança nos próprios atos e pensamentos.*"

- Para que uma pessoa tenha confiança de que aquilo que ela pensa, suas opiniões e suas escolhas têm valor, é preciso que ela tenha uma boa imagem de si mesma.

Na história, nem o velho nem o menino confiam em suas escolhas e funcionam como "maria vai com as outras", copiando as ideias dos outros, obedecendo a sugestões de quaisquer pessoas. É interessante sublinhar o que diz o velho – "só faz papel de burro e não agrada a ninguém!" –, pois, de fato, a tendência a imitar dessa maneira leva o indivíduo a abrir mão de pensar, transformando-o em uma espécie de papagaio repetidor e emburrecido. Esse é um dos efeitos das alterações da medida da autoestima. Vamos ver outros.

6. A paixão por si mesmo

Nas histórias de Carol, Carla e Fábio, e Helena, se pode ver como alterações na medida da autoestima afetam e podem prejudicar as relações interpessoais, sejam sociais, profissionais, amorosas ou familiares.

Todas as espécies de vínculos são permeadas pelos sentimentos que nos habitam internamente.

Se o predomínio é de sentimentos de desvalia, eles contaminarão, sem nem percebermos, nossa forma de nos relacionar com os outros e conosco. O mesmo acontece quando o predomínio é de *sentimentos de supervalorização*.

Você leu nas primeiras páginas que a sabedoria popular nos ensina que é preciso, antes de tudo, gostar de si mesmo, e não temos dúvida quanto a essa afirmação. Porém, quando há sentimentos de supervalorização de si, pode-se dizer que há autoestima? Que há apreço por si? Amor por si?

Vamos pensar sobre isso. Você se lembra do que foi dito antes, que a genuína autoestima é gostar de si na totalidade? Pois bem. Se é preciso reconhecer os próprios valores e, ao mesmo tempo, as falhas, não cabe a supervalorização. Alguém que reconhece as suas limitações não se olhará como sendo um ser perfeito, superior, acima de qualquer falha; portanto, não se supervalorizará. Ele se verá com o tamanho que tem, real, nem muito grande, nem muito pequeno.

Isso vale para todas as pessoas, sem exceção, pois todos os humanos têm limitações. Você pode ser um gênio, um Prêmio Nobel de física, o melhor jogador de futebol do mundo, um escritor de fama internacional, o homem mais rico do país, não importa. Todos, sem exceção, têm limitações.

A supervalorização só é possível quando não se percebe a totalidade, ou seja, quando só se focam os valores.

> A noção das falhas humanas, dos limites, não permite que se caia na armadilha da ilusão de ser perfeito. Não há espaço para o predomínio da supervalorização.

Quando se diz que autoestima é o sentimento de apreço que o indivíduo tem pela pessoa que ele é, em sua totalidade, se está falando sobre amor próprio.

E quando falamos em supervalorização, o assunto é outro: *paixão por si mesmo*. E paixão por si mesmo é o *narcisismo doentio*, que não se confunde com o narcisismo natural, que todos temos e é imprescindível para o crescimento emocional saudável.

Vamos por partes: o nome narcisismo vem do antigo mito grego de Narciso. Mitos são histórias que pretendem nos ajudar a entender o ser humano. Há várias versões do mito de Narciso, mas todas apontam para a mesma questão, a paixão por si mesmo. Veja como esta narrativa nos ensina tanto sobre nós.

O mito de Narciso

Narciso era um belíssimo rapaz, filho do deus Cefiso e da ninfa Liríope. Quando ele nasceu, seus pais consultaram o oráculo Tirésias, o velho profeta cego, para saber qual seria o futuro do menino. A profecia foi que ele teria uma vida longa desde que nunca contemplasse a própria face.

Quando Narciso chegou à idade adulta, despertou paixões em moças e rapazes, todos desprezados pelo belo rapaz. Uma das rejeitadas, a ninfa Eco, pediu aos deuses que a vingassem.

Nêmesis, deusa grega da indignação, da vingança e/ou da ética, apiedou-se da ninfa desprezada e, com seu poder, induziu Narciso a se debruçar em um lago para beber água, depois de uma caçada. Quando o rapaz viu sua imagem refletida na água, se encantou com sua beleza, ficou completamente apaixonado e quis se juntar àquela imagem admirável. Assim, jogou-se no lago e morreu afogado.[1]

Basta ler este resumo do mito de Narciso para compreender o que chamamos de narcisismo patológico ou doentio: *a paixão pela própria imagem*, ou seja, por si, que pode causar danos

---

1 Machado (1994).

terríveis para o sujeito e para os que o rodeiam. O desprezo pelas pessoas em volta caminha junto com o intenso encantamento por si mesmo.

Caetano Veloso cantou o narcisismo em sua música *Sampa*. Ele conta que, quando olhou bem para a cidade de São Paulo, não viu nada parecido com ele mesmo, era tudo diferente do que ele conhecia e gostava, e logo taxou de mau gosto. E concluiu que ele, como Narciso, só apreciava o próprio espelho. Veja um trecho da música:[2]

> *Quando eu te encarei*
>
> *Frente a frente*
>
> *Não vi o meu rosto*
>
> *Chamei de mau gosto o que vi*
>
> *de mau gosto, mau gosto*
>
> *É que Narciso acha feio*
>
> *o que não é espelho*

Libido

Segundo Sigmund Freud, o pai da psicanálise, o narcisismo – considerado por ele um aspecto presente em todos os sujeitos durante os primeiros tempos de vida – está relacionado com o desenvolvimento da *libido*.

Se você já ouviu falar em libido, certamente foi relacionado ao desejo ou impulso sexual de uma pessoa em direção a outra. Diz-se

---

2 Disponível em: <https://www.letras.mus.br/caetano-veloso/41670/>. Acesso em: 8 out. 2017.

que alguém tem muita libido quando sente desejos sexuais muito fortes e constantes. Na acepção popular, libidinoso é o sujeito devasso. Libidinagem é sinônimo de luxúria, de lascívia. O oposto, aquele que apresenta diminuição da libido, é considerado um sujeito casto, puro ou até assexuado. Em ambos os casos, estamos falando do que habitualmente chamamos de *tesão* sexual.

Porém, a libido, para a psicanálise, é um conceito bem mais amplo. Refere-se à energia fundamental do ser, que direciona os instintos que mantêm vivo o indivíduo, como a fome. É, portanto, uma energia vital, que se relaciona com todas as emoções e os desejos amorosos, construtivos, do ser humano, manifestando-se por meio da sexualidade desde o nascimento. Podemos dizer que é uma espécie de tesão pela vida. Ou seja: *atração pela vida.*

Pense em um bebê. Ao nascer, ele busca o seio e mama instintivamente. O que o move é seu instinto de vida (*pulsão de vida*, como preferem os psicanalistas). Ao mamar, o bebê sente muito prazer oral, sua boca toda é excitada pelo ato e, ao mesmo tempo que se alimenta e sobrevive, ele tem uma gratificação oral correspondente à sexualidade em seu estado primitivo.

Talvez seja surpreendente para você que um bebê tenha sexualidade. No entanto, é a realidade. Não é sexualidade conforme a conhecemos no adulto, evidentemente. Mas uma sexualidade baseada nas prazerosas sensações experimentadas na pele, na boca, nos genitais, em todo o corpo e com todos os órgãos dos sentidos. Se o bebê não sentisse prazer algum, provavelmente não sentiria nem mesmo desejo de mamar novamente.

Falei antes sobre o tesão do adulto (sexual) e agora sobre o prazer da criança pequena (sensorial). Tanto um quanto outro são impulsionados pela *libido.*

> Libido é a energia da atração pela vida que impulsiona para a sua preservação, para a criação, para o progresso, e está na base de todas as manifestações amorosas e construtivas, seja no bebê, na criança, no jovem, no adulto ou no idoso.

Ou seja, a tal energia vital é canalizada inicialmente para a sobrevivência e depois se expande, sendo utilizada para tudo que se refere à vida, à construtividade.

Foi Freud quem estudou e descreveu o desenvolvimento da libido desde os seus primórdios. Segundo ele, a energia libidinal está, primeiramente, concentrada no próprio ser, no que chamamos de ego, o eu de cada um. Ou seja, nos primeiros tempos, o sujeito está totalmente voltado para si mesmo, a libido focada na sobrevivência. Ele não é capaz de perceber a existência de outras pessoas, nem mesmo daquelas que o alimentam.

Quando surge o leite que mitiga a fome, a manta que alivia o frio, o colo que conforta, o bebê não é capaz de conceber que há alguém no mundo exterior que atende às suas necessidades. Parece a ele que tudo é criação dele. O bebê sente como se tivesse sido ele o criador de tudo que surge na hora que ele necessita. Mais ou menos assim: "Pensei, aí apareceu; necessitei, desejei, e surgiu o que eu precisava; portanto, eu sou o criador disso tudo que aparece". Ele tem a sensação de ser ultrapoderoso!

Mesmo depois, um pouco mais tarde, quando já é capaz de perceber a existência do adulto cuidador, a criança ainda está totalmente voltada para si mesma, sentindo-se e exigindo ser tratada como o centro do mundo – de seu mundo ainda tão pequeno, centrado, principalmente, na figura que exerce a função materna. A criança sente que tudo que se refere a ela mesma – e apenas aquilo que se refere a ela – é o que de fato importa. Quer ser o foco de todas as atenções e dos olhares e sente que todos os acontecimentos em volta se relacionam a ela.

Esse estado emocional que identificamos como paixão por si mesmo é o narcisismo infantil, primário, considerado parte indispensável do processo natural do desenvolvimento humano. A música *O galo cantor*,[3] escrita por Geraldo Amaral e Renato Rocha, ilustra muito bem a situação emocional em que se encontra normalmente a criança pequena: o centro do mundo.

Nela, o galo acordava diariamente antes de o sol nascer. Logo após o seu canto, o sol surgia no horizonte e começava a clarear. O galo se enchia de orgulho, pois acreditava que era seu canto que fazia com que o sol nascesse. Era então ele, o galo, o criador do sol, do calor, da luz!

Até que um dia o galo perdeu a hora, acordou tarde. E o sol já tinha nascido, o dia já estava claro! O galo se deu conta de que o sol existia independentemente dele e de seu canto. Quanta decepção para um galo presunçoso!

Mas, vamos olhar por outro ângulo: é um alívio se ver livre de tamanha responsabilidade, não é? Poder relaxar e acordar mais tarde sem que o mundo venha abaixo.

O galo cheio de poder é um ótimo exemplo do narcisismo primário do bebê, que acaba evoluindo para uma visão mais verdadeira da realidade. Quando o galo percebe que o sol existe e é independente dele, é como a criança que percebe a existência do outro – a pessoa que cuida, que é em geral a mãe. E, como para o galo, é uma descoberta que vem acompanhada de frustração. Mas também de alívio!

---

3 Disponível em: <https://www.vagalume.com.br/mpb4/o-galo-cantor.html>. Acesso em: 4 fev. 2019.

Com essa maior noção da realidade, a energia libidinal que estava concentrada no eu, equivalendo à paixão por si mesmo, começa a ser dirigida também para o mundo de fora. Surge então interesse pelo outro e pelas coisas do entorno.

Se por algum motivo este percurso não segue o caminho natural aqui descrito, o narcisismo normal não é transformado em interesses mais amplos e surge o que chamamos de narcisismo doentio, ou patológico. O indivíduo continua com a libido concentrada em si mesmo, sendo o alvo de sua própria paixão.

> Amor próprio é bem diferente de paixão por si mesmo.

Penso que já se pode compreender essa diferença, não é? Para garantir, vamos falar mais um pouco sobre isso.

Umbiguismo

Quando dizemos que uma pessoa é narcisista, deve ser porque nos parece alguém que admira exageradamente sua imagem, é apaixonado por si mesmo, é egocêntrico e só pensa em si. São características que chamam muita atenção, porém, não são as únicas, e talvez nem sejam as mais importantes.

Os efeitos do narcisismo patológico que surgem nos relacionamentos são mais difíceis de serem percebidos e talvez, justamente por isso, sejam mais nefastos. Pense um pouco: como uma pessoa totalmente voltada para si mesma, para suas próprias necessidades – em outros termos, com sua energia libidinal investida no seu eu –, poderá perceber o sofrimento de alguém? Como poderá estar atento às necessidades de outro? Como poderá ter consideração por alguém, cuidar do bem-estar de alguém, ser sensível às dores de qualquer pessoa que não seja ela mesma?

Ouvimos muitas vezes dizer que é preciso ter o ego inflado. Não caia nessa esparrela. Inflado é cheio de ar, cheio de vento. Cheio de coisa nenhuma! É como um balão que a qualquer momento vai estourar. O tal do ego inflado nada mais é que o narcisismo patológico, que impede o bom relacionamento com os outros. E é isso que é fundamental para nós, o relacionamento com o próximo. Nós humanos somos seres gregários, precisamos de nossos semelhantes para sobreviver.

A paixão por si mesmo faz com que você se volte para você, olhando e admirando seu próprio umbigo, não levando em conta que todos também têm umbigo. Você exige ser agradado, não suporta ser frustrado, impõe a sua vontade, reivindica ser o centro das atenções. Em resumo: você se torna uma pessoa insuportável na convivência. A tendência é que fique isolado.

É preciso lembrar: eu, tu, ele, nós todos temos anseios e necessidades. O indivíduo narcisista patológico perde a conexão sensível com seus semelhantes. Ego inflado, supervalorização de si, paixão própria, tesão voltado para si, umbiguismo: tudo se sustenta no terreno do narcisismo patológico.

Há uma música de Leo Tucherman que nos fala sobre esse tema. A letra é o lamento de um rapaz apaixonado que faz de tudo para agradar a garota, mas ela está sempre insatisfeita, queixosa, irritada, e parece uma criança que exige ser o centro do mundo. O título da música é, não por acaso, *Umbigo:*[4]

> *Eu acordo todo dia agoniado*
>
> *me sentindo sufocado como se o mundo fosse acabar*

---

4 Faixa do álbum *O olho da pedra e outros chacunduns* (Arterial Music).

Atualmente eu me vejo reticente:

Já não fico mais contente com você me magoar.

Ainda passam horas e já não demora:

o "exercício eterno de te agradar"

Só que em resposta eu só recebo bosta

Tô cansado já não quero mais brincar.

Você passa toda linda e cheirosa

Quem te vê, na mesma hora, vai querer te namorar

Mas a verdade algum dia vem à tona

e você que é meninona ninguém vai te aturar!

Presta atenção, ô meu coração:

Não faz mais isso que alguém vai se machucar

Pois o seu umbigo é só um umbigo

e tantos outros também têm o que falar.

A ferida narcísica

Como você acha que alguém apaixonado por si mesmo, sofrendo do tal umbiguismo, reage ao ser contrariado? Acertou! Reage *muito* mal. O sujeito se sente ofendido, demonstra uma intensa suscetibilidade, irritação à flor da pele. Uma discordância ou uma solicitação não atendida, um pedido recusado, despertam sentimento de frustração insuportável pela dor provocada.

É como se a pessoa tivesse sido ferida de morte, atacada violentamente, destruída em sua integridade. E realmente, é assim que ela se sente. É compreensível essa reação tão acentuada se considerarmos que o narcisista patológico é revestido de uma roupagem que parece amor próprio, parece autoestima, mas é vulnerável e precário como um balão cheio de ar.

Poetas já disseram que paixão é chama que se apaga como vela, num sopro. É assim com a paixão por si mesmo: um sopro, uma palavra em falso, um desgosto, e... puf! Lá se foi o frágil equilíbrio do sujeito. A dor provocada é profunda, não é fingimento. O narcisista não escolhe reagir de tal ou qual jeito. É uma reação automática, de autoproteção, como se tem quando se é atacado. Ele foi flechado mortalmente em sua vaidade, em seu amor próprio precário, em seu eu. Há uma brutal e devastadora ferida em sua alma.

É o que chamamos de *ferida narcísica*, que provoca uma reação desmedida, proporcional à dor imensa experimentada no âmago de si mesmo. Agora, volte atrás e releia as histórias de Carol, Carla e Fábio, e Helena. Veja como é fácil identificar quem são os personagens que se sentiram feridos em seus narcisismos.

7. Ligando os pontos: narcisismo e alteração da medida da autoestima

Enquanto refletimos sobre narcisismo, parece que saímos do tema principal, a autoestima. Mas é só na aparência. Vamos retomar nosso assunto e fazer as ligações. Você vai ver que os pontos se ligam direitinho.

Todas as espécies de vínculos são permeadas pelos sentimentos que nos habitam internamente. Se o predomínio é de sentimentos de desvalia ou de supervalorização, há uma alteração da medida da autoestima. São percepções alteradas que temos de nós mesmos e que contaminarão nossa forma de nos relacionar, tanto com os outros como com a nossa própria pessoa. Isso acontece inconscientemente, sem que a gente perceba.

Vamos lembrar mais uma vez (nunca é demais!): a genuína autoestima é gostar de si por inteiro. Ora, se é preciso reconhecer as próprias qualidades e, ao mesmo tempo, as falhas, não há lugar para a supervalorização. Como se sentir inflado de vaidade tendo de reconhecer erros e falhas? Como ter empáfia percebendo-se impotente diante de tantas situações da vida?

Alguém que reconhece as suas limitações se verá como um *ser humano*. Apenas um ser humano, sem poderes extraordinários. Mas a verdade é que um simples ser humano tem capacidades admiráveis. Basta lembrar de nossos primitivos ancestrais, de como evoluímos desde os hominídeos – como o *Australopithecus* da Idade da Pedra – até hoje.

Vendo-se do tamanho que se é de verdade, real (nem muito grande, nem muito pequeno), o sujeito poderá enxergar os outros como seus semelhantes: humanos que choram, riem, criam, sofrem, necessitam, proporcionam... Mas nem todos conseguem aceitar os limites, ou seja, aceitar que fazem parte da humanidade, desta massa de semelhantes que povoam a Terra.

Muitos querem ser algo mais, buscam se destacar por meio de uma pretensa superioridade sobre os outros. Talvez guardem bem escondido, no baú dos desejos mais insondáveis, o anseio de serem como deuses, poderosos, em uma categoria acima de qualquer imperfeição que lhes denuncie como meros *Homo sapiens*. Querem ser portadores de reservas de virtudes, dons, talentos e predicados. Querem manter inalterada a narcísica paixão por si mesmos, que alimentam com ilusões. Almejam uma *perfeição* que não existe nos humanos.

É claro que todos nós sabemos e repetimos inúmeras vezes que ninguém é perfeito. No entanto, para muitos, é frase dita da boca para fora. Parece que não aceitam essa verdade. Acreditam que existe alguém que contém em si a perfeição absoluta, não maculada por falhas humanas. E alimentam essa ilusão dentro de si, com a esperança de também alcançarem tal estado de plenitude.

Cada vez que percebem uma falha, confirmam que estão longe da perfeição pretendida e experimentam profunda frustração. Como não podia deixar de ser, a autoestima é gravemente afetada. E lá vem a gangorra jogando a pessoa para baixo!

> Algumas pessoas querem estar livres dos limites que a realidade impõe a elas.

Aqui, não me refiro somente aos limites físicos, sendo o maior de todos e o mais duro de suportar o limite da própria vida. A noção de que todos somos mortais, da nossa finitude, é certamente a mais penosa e dramática que precisamos enfrentar.

Além da aceitação da morte, que exige um esforço emocional complexo e, ao mesmo tempo, delicado, há alguns outros limites que nos restringem e nos colocam em nosso modesto lugar no mundo.

8. Limites nossos do dia a dia

Mais uma vez, vamos relembrar um ponto para daí seguir adiante. O bebê tem a fantasia de um enorme poder. O bebê pequenino, quando tem fome e é amamentado, vive essa experiência como se tivesse sido ele o criador daquele seio que surgiu para alimentá-lo. Ele tem a ilusão de que foi o poder dele que fez aquilo aparecer assim que sentiu necessidade. É o próprio galo cantor que achava que o sol nascia porque ele estava cantando. Até o dia que perdeu a hora e, quando acordou, o sol já tinha nascido, o que foi uma frustração enorme para o galo. O sol não dependia dele! Caiu na real.

É assim mesmo que o bebê se imagina, muito poderoso. Lentamente, ele vai se frustrando. Nem sempre o seio aparece, nem sempre surge a manta quentinha, às vezes vem uma dor de barriga... São momentos de desilusão que obrigam o bebê a ir entendendo, aos poucos, que ele não tem todo aquele poder que imaginava. Que existe algo fora dele que não obedece aos seus anseios, um mundo que não é uma extensão dele mesmo. Um mundo que existe autônomo e não controlado por ele. Enfim, o bebê começa a perceber quem é ele e quem não é ele.

O bebê começa a compreender que há um *limite* entre os anseios que habitam seu íntimo e aquilo que se passa no dia a dia. Nem tudo de que ele necessita surge ali na hora exata em que ele precisa. Há uma insatisfação.

Essa insatisfação provoca a percepção de que seu poder é limitado; de que há um limite, uma espécie de barreira entre o que se passa dentro dele e o que acontece fora dele. E que existe algo/alguém – que não é ele – responsável pela satisfação de suas necessidades.

Há, portanto, a percepção de que esse algo/alguém, que virá a ser identificado logo como mãe, tem também seus limites. Nem sempre a mãe (nome que abrange qualquer adulto cuidador do bebê) é capaz de atender às premências do bebê. Nem sempre ela está disponível. Ou nem sempre ela é capaz, por mais que possa até desejar atender sempre seu filhote.

Não é fácil tolerar esse discernimento. É a duras penas que o sujeito narcisista, como é naturalmente a criança pequena, abre mão de acreditar que só ele existe, que ele é o centro do mundo, que merece todas as regalias e as honrarias, e que todas as suas expectativas devem ser realizadas. Ao admitir que existe outro alguém no mundo – a princípio, a mãe –, o indivíduo parece sofrer sua primeira ferida narcísica, um choque e tanto!

E é quando se iniciam as primeiras lições de convivência com pessoas diferentes da gente: tolerância com um atraso de mamada, por exemplo, representando um esboço de consideração pelo limite da mãe. Assim, ao longo do desenvolvimento, desde a mais tenra infância, o indivíduo vai aprendendo noções de seus limites, os limites do outro, e os limites entre si e o mundo de fora.

São barreiras fundamentais para que cada sujeito tenha conhecimento de quem ele é, até onde vai *sua pessoa* e onde começa a *pessoa do outro.*

Aqueles personagens que se sentiram feridos em seus narcisismos (Carol e, especialmente, Fábio e o irmão de Helena) reagiram intensamente às situações adversas, extremamente frustrados, sofrendo dores profundas. Estavam atuando como bebês em vivências muito antigas, como pequenos seres ainda em formação, sem noção exata dos *limites entre o eu e o outro*, entre suas expectativas e aquilo que o outro é capaz de realizar, os limites entre seus pensamentos e os pensamentos alheios, entre suas fantasias e a realidade.

Assim, ficam parecendo pessoas sem consideração pelos sentimentos dos outros, voltadas apenas para si mesmos e seus umbigos. E, no final das contas, parecem pessoas que se amam demais, que se têm na mais alta estima! Veja que equívoco!

9. O adolescente se acha o maioral

A adolescência é um momento da vida muito curioso. É um período de passagem para a vida adulta, doloroso, sofrido, difícil para o próprio adolescente e para os que convivem com ele. Mas, como toda passagem, é necessária para que se chegue a outro lugar.

Muito dos acontecimentos da adolescência tem relação com momentos da primeira infância. Diversas fantasias e conflitos infantis ressurgem para que sejam vivenciados de outra forma, agora voltados para a vida adulta. Os antigos sentimentos que retornam nesse período do desenvolvimento funcionam, de certa forma, como aqueles passos para trás que são dados para se pegar embalo em uma corrida.

Uma das fantasias revividas é a ideia de onipotência, tão natural no adolescente quanto em crianças bem pequenas. O adolescente sente que pode tudo, sabe tudo, enfrenta tudo, e tem poucos olhos para os limites, tanto os seus como os dos outros, o que lhe dá uma aparência de arrogância. E parece também não se importar com as pessoas em torno, como se o mundo estivesse ali para lhe servir. Ele se acha o maioral! *Será que é mesmo assim?*

É possível que você tenha passado pela seguinte situação: você se olha no espelho e nota que, de um tempo para cá, seu cabelo está ficando mais grosso, seu nariz está crescendo, seu rosto está com feias espinhas... Você pode ter ficado assustado, não é?

Tais transformações são as menores que o adolescente experimenta. Todo o seu corpo está se transformando por causa de uma explosão na produção de hormônios chamada *puberdade*, que ocorre entre os 9 e os 15 anos, mais ou menos, e que permite ao ser humano alcançar a maturidade sexual e a capacidade de reprodução.

Surgem os caracteres sexuais secundários, com crescimento de pelos característico; vem a abominada acne; os meninos alargam em cima, nos ombros, e as meninas embaixo, nos quadris. Nos meninos, os testículos aumentam a produção de testosterona (hormônio masculino) e os genitais crescem de tamanho. Nas meninas, os ovários produzem mais estrogênio (hormônio feminino) e crescem os genitais e os seios. E também chega o estirão (para as meninas antes que para os meninos), o que pode levar aquela criança a altura tal que lhe permita olhar seus pais de cima para baixo!

Pode parecer que adolescência e puberdade são sinônimos, mas não são. A adolescência começa junto com a puberdade, por volta dos 9-10 anos, e se estende até que as mudanças fisiológicas e psicológicas se completem e o indivíduo atinja a maturidade física e emocional. No Brasil, costuma-se considerar que a adolescência vai até os 18 anos. Já a puberdade é um processo orgânico que acontece durante o período da adolescência. Quando as transformações fisiológicas terminam, a puberdade chega ao fim, embora a adolescência ainda esteja percorrendo seu caminho.

Com todos esses fenômenos acontecendo, incluindo especialmente a produção de hormônios sexuais, não é de se espantar que o adolescente seja uma criatura em sofrimento. Surgem intensos conflitos internos, dúvidas sobre a própria identidade, estranhamento da autoimagem, inseguranças diversas, desgosto com o corpo, dificuldades com os desejos sexuais, constrangimentos, vergonhas... E, consequentemente, conflitos com o mundo externo, principalmente com os adultos.

Por isso, quando se diz que o adolescente se acha o maioral, logo em seguida vem a dúvida: será que é isso mesmo?

> A autoestima é facilmente afetada durante todo o percurso da adolescência.

O adolescente é, naturalmente, um ser em desequilíbrio emocional e, portanto, com sua medida da autoestima bastante alterada, alternando continuamente sua opinião acerca de si mesmo, o que é acompanhado de alteração de humor.

Não pense que o adolescente acha tudo o que sente muito divertido. Ao contrário, o processo é, em geral, bastante angustiante. Porém, quem está no olho do furacão não percebe bem o que está acontecendo. Ele sofre com o turbilhão, reage, luta, se debate, às vezes até parece ter perdido a razão. O adolescente não vê aquilo que nós que estamos fora podemos enxergar. E o que enxergamos?

Uma pessoa com dúvidas constantes quanto às escolhas, quanto aos seus valores; necessidade permanente de agradar aos seus pares; busca excessiva de afeto; intolerância a críticas e inflexibilidade em relação aos próprios erros e aos dos outros; intransigência e também displicência; irritabilidade e até violência diante de frustração; inclemência com a própria fragilidade. Não é difícil notar a semelhança entre essas características e as descrições que foram feitas até aqui de certas pessoas com alteração na medida da autoestima.

Você que é adulto já esteve nessa posição, no núcleo desse ciclone, e provavelmente não tem uma lembrança tão clara porque não se percebeu tão perturbado. Porém, acredite: o adolescente que parece tão arrogante, tão senhor de si mesmo, que parece tão seguro em suas opiniões categóricas, está apenas exercendo seu direito de lutar contra um sofrimento interno que lhe esgota o amor próprio.

Ao compreender plenamente isso, o adulto poderá ajudar o adolescente a enfrentar os conflitos e ampará-lo com tolerância – mas firmeza –, de forma que ele possa fazer a passagem para a vida adulta com um pouco mais de suavidade.

E é especialmente no que se refere à autoestima que o adolescente mais precisa do apoio do adulto cuidador. Com a autoestima alterada, fragilizada, funcionando no padrão da gangorra, o adolescente é altamente vulnerável às influências externas pela intensa ânsia de ser aceito pelos seus pares.

Ao mesmo tempo, para se sentir crescendo, o adolescente busca se diferenciar dos pais, se opondo fortemente a eles. É como se pensasse: eu não sou criança que faz tudo do jeito que papai e mamãe querem; eu sou grande, sei bem o que é bom para mim; eu não sou igual a eles, sou bem o contrário.

A delicadeza é absolutamente essencial para que a comunicação com o adolescente não esbarre em sua frágil autoestima, ferindo profundamente seu narcisismo – ferida que distancia o jovem e o empurra para qualquer caminho que lhe faça se sentir valorizado.

10. Em busca da valorização

O adolescente tem um intenso anseio de ser valorizado a todo custo, principalmente por causa da vulnerabilidade emocional em que se encontra, o que afeta drasticamente seu sentimento de autoestima. Porém, este estado de espírito em que há um empobrecimento da autovalorização não é exclusividade do adolescente.

Vemos adultos buscando agradar ao mundo todo, até as pessoas que aparentemente nada significam em suas vidas, como na história *O velho, o menino e o burro*. Ou como os sujeitos que se comportam como "maria vai com as outras". Quando buscam agradar a todos, o que estão perseguindo arduamente, na verdade, é a aprovação de todos. Quando aprovados, sentem que são valorizados, o que, no final, lhes faz parecer que são amados.

A ideia é a seguinte: se o que eu digo ou faço é aprovado por fulano, significa que fulano me dá valor, sou importante para fulano, então fulano me ama. Se sou amado, eu tenho valor, não sou um joão-ninguém, posso olhar para mim mesmo com satisfação.

Se o que eu digo ou faço não é aprovado por beltrano, significa que beltrano não me dá valor, não tenho importância para beltrano, então beltrano não me ama, talvez até me odeie. Se não sou amado, eu não tenho valor algum, sou um joão-ninguém, e olho para mim mesmo com desprezo.

São equações que se formam na mente sem que se perceba com clareza. Mas que gerenciam a vida e, portanto, influenciam toda a convivência no mundo. Chega a ser impressionante como qualquer opinião que venha de outra pessoa tenha tal poder.

Irene vai ao supermercado e escolhe um arroz cuja marca costuma comprar. Ao passar pela caixa registradora, uma mulher que está logo atrás dela na fila comenta que aquela marca não é boa, que Irene deveria trocar. Imediatamente, Irene mergulha em um vendaval de pensamentos que a empurram para um redemoinho negativo: a mulher tem razão, ela sabe mais que eu, ela não aprovou minha escolha e está pensando que sou uma boba, que não entendo nada de arroz nem de coisa alguma, agora ela me desaprova, me olha com cara feia, não gosta de mim e eu sou uma pessoa que não agrada ninguém. Não sou amada.

Irene corre e troca o arroz por outro da marca sugerida pela mulher. Volta à caixa e mostra para a mulher, que lhe devolve um sorriso. Irene se sente aprovada. Que alívio! Agora, ela escapou do redemoinho negativo em que estava se afogando. Por enquanto. Somente até a próxima esquina, onde encontrará outra pessoa qualquer que terá alguma opinião diferente da sua.

Você já leu as páginas anteriores e é capaz de compreender o mecanismo mental que prevaleceu no comportamento de Irene. E pode perceber que Irene não consegue ser a Irene genuína. Ao misturar seus pensamentos com a estranha da fila, Irene confunde o que são suas ideias negativas, que estão no interior de sua própria mente, com o que está na mente da mulher, cujo conteúdo Irene não teria como adivinhar. No entanto, Irene está convicta de que a mulher lhe despreza. Querendo agradar a todo custo, Irene copia a outra pessoa. Ela praticamente deixou de ser Irene para ser aquela mulher estranha que estava na fila.

Como uma espécie de camaleão, Irene vai se transformando, copiando, sempre tentando agradar, em busca de ser valorizada e amada. Aliás, há um filme precioso chamado *Zelig*, escrito, dirigido e estrelado por Woody Allen, em que o personagem principal muda suas opiniões e, principalmente, transforma sua aparência de acordo com as pessoas que o cercam, como um camaleão humano.

Efeito Zelig: a necessidade de agradar a qualquer preço

O personagem desse filme, Leonard Zelig, persegue obcecadamente ser aceito por todos que o cercam. No filme, a primeira manifestação dessa busca se dá ainda na infância, quando, na escola, fica constrangido por não ter lido um livro que estava sendo comentado na sala de aula e mente, fazendo de conta que o tinha lido. A partir daí, o faz de conta se aprimora e acaba por adquirir *status* de modelo de comportamento.

De um modo fantástico, Zelig consegue transformar sua aparência e se tornar igual a quem está ao seu lado. O personagem surge ora negro, ora chinês, ora obeso, ora magro, jovem, idoso, comunista, nazista, ao lado do Papa, judeu ortodoxo... Fica famoso como "Homem Camaleão", conhece a glória e a ruína. Todas as transformações acontecem para que possa se adaptar ao meio que o cerca em determinado momento. Ele é aquilo que imagina esperarem dele. Ele é qualquer um, portanto ele não é ninguém. Não tem uma identidade própria.

Ele alcança a fama como "camaleão humano", enaltecido pela multidão. Mas depois, considerado doente, é internado em um hospital psiquiátrico, onde uma psiquiatra compreende que Zelig busca a aprovação com uma intensidade tal que chega a mudar fisicamente para se encaixar no modelo das pessoas que estão ao seu redor. Com essa teoria em mente, a psiquiatra usa técnicas para alimentar a autoestima de seu paciente. Porém, o tiro sai pela culatra, pois Zelig se torna arrogante, muito senhor de si, um pretensioso, totalmente intolerante com as outras pessoas e desprezando sempre opiniões diferentes da sua.

Ou seja, Zelig se tornou o extremo oposto do que costumava ser. A *gangorra da autoestima* mudou de posição, e ele, que se sentia abaixo de todos e mal amado, passou a se sentir acima dos outros e a desprezar aqueles que achava que estavam abaixo dele. Obedecendo ao padrão da gangorra, o estado de superioridade foi passageiro e Zelig retornou ao modelo anterior.

Depois desse filme, o nome Zelig tornou-se verbete de dicionário denominando a pessoa que se amolda ao que lhe cerca, que não tem uma personalidade bem delineada; "aquele que inconscientemente imita os traços ou aparências daqueles com quem se associa"; "qualquer pessoa altamente adaptável e oportunista"; "pessoa que tem uma presença onipresente, muitas vezes discreta".[1]

Não são raras as pessoas que funcionam assim, como se fossem massinha de modelar, maleáveis, se comportando de acordo com o modelo que elas pensam que agradará ao outro. Os Zeligs são indivíduos que não confiam que, sendo verdadeiros, autênticos, sendo o que são de verdade, poderão ser aceitos e amados. Precisam fingir que são diferentes, fazer de conta que são outras pessoas. Já que não têm apreço algum por tudo aquilo que são,

---

1 Disponível em: <https://www.yourdictionary.com/zelig>. Acesso em: 13 ago. 2017.

tentam realizar o sonho de se transformar em alguém que, na sua imaginação, é valorizado por todos em volta.

Se você lembrar agora da história *O velho, o menino e o burro*, poderá ver as semelhanças entre os enredos daquela história e o filme *Zelig*. O genial personagem retrata de forma caricatural, levada ao extremo, o que tantas vezes vemos acontecer com aqueles que sentem necessidade de agradar a todos a qualquer preço, como o velho e o menino da história.

O preço a pagar é mesmo muito caro, pois o sujeito abre mão da própria identidade e tudo que lhe constitui como um indivíduo único no mundo.

> Todos nós somos semelhantes em nossa humanidade, mas completamente diferentes em nossa individualidade. Não há duas pessoas iguais no planeta.

11. Mas, afinal: como se adquire autoestima?

Depois de tudo que você leu até aqui, deve estar se perguntando: mas, afinal de contas, como se adquire autoestima?

Já sabemos que a autoestima é um valor do qual não se tem notícia a não ser que esteja em mau funcionamento, como o coração. E também já sabemos como reconhecer as situações em que há carência desse tesouro tão precioso. Agora, a questão é: como alcançar um bom funcionamento da autoestima?

Normalmente, nascemos com os órgãos saudáveis, inclusive o coração, e não precisamos consertá-los. Mas a autoestima não é uma parte de nosso organismo fisiológico, objetivo e concreto, não pode ser examinada por meio de apurados exames de sangue ou de aparelhos superdesenvolvidos. É, sim, parte de nossa subjetividade.

A subjetividade é impalpável, abstrata. É constituída por emoções, sentimentos, ideias, fantasia. É o que nos estabelece como ser humano, nossa espécie que pensa, sente, se relaciona, reflete, lembra, e toda a gama de expressões emocionais que são parte essencial de qualquer indivíduo. Podemos chamar de personalidade, ou individualidade, ou mesmo alma.

> Subjetividade é o que marca a originalidade de cada um, é aquilo que cada pessoa é, incluindo todos os seus aspectos, todos os seus sentimentos, anseios, fantasias, sonhos e pesadelos.

Nós não nascemos absolutamente iguais uns aos outros. Nem mesmo irmãos gêmeos univitelinos, que são idênticos geneticamente, são iguais entre si quando nascem. Quem já teve oportunidade de observar atentamente bebês recém-nascidos pôde perceber que, enquanto um é mais quieto, outro é mais chorão; um é mais voraz, outro mama pouco; um dorme sossegado, outro é mais agitado. Parece que há algum elemento de potencialidade que é próprio de cada um, que define, de certa forma, o temperamento do bebê.

Em enfermarias de bebês gravemente enfermos, é comum se ouvirem comentários sobre crianças que lutam pela vida mais que outras. Poderíamos pensar que são crianças com pulsão de vida mais poderosa? Talvez sim. De todo modo, qualquer potencialidade vai ser desenvolvida em determinado ambiente no qual o bebê vai crescer.

Agora, uma pergunta para você: qual é o primeiro ambiente do bebê? A casa onde ele vive? O local onde nasceu? O quarto, o berço, o carrinho, tudo escolhido com o maior cuidado?

Nenhuma das respostas anteriores! O primeiro ambiente no qual o bebê é acolhido é o interior do corpo da mãe. E, ao nascer, o primeiro ambiente externo também é a mãe – assim chamada qualquer pessoa que se dedique aos cuidados primários do bebê, seja a mãe biológica ou não, seja homem ou mulher, seja jovem ou não.

Vamos pensar um pouco sobre essa questão.

Os primeiros ambientes do bebê

Quando se diz que o primeiro ambiente no qual o bebê é acolhido é o interior do corpo da mãe, é porque, já durante a gravidez, vai se constituindo uma relação com aquele bebê que vai chegar. Há uma expectativa em torno da criança, não somente se será menino ou menina, mas também que tipo de criança.

A escolha do nome, em geral, é acompanhada de alguma fantasia. Escolhe-se um nome que parece de gente forte, decidida, corajosa; ou de gente que parece suave, dócil; ou de celebridade; ou algum nome inventado de forma a parecer que aquela criança é a única e está fadada ao sucesso.

Não há motivo para se criticar esse comportamento. A expectativa diante daquilo que não se sabe como será traz certa angústia, e é natural que se busque alguma saída para tal sofrimento emocional. E a saída mais comum é justamente desviar a atenção do que realmente é angustiante, o foco genuíno, para algo mais ameno e suportável.

Assim, todo o medo diante do desconhecido – como será aquele parto, como nascerá o bebê, se haverá ou não algum problema e, principalmente, se a vida triunfará –, toda a ansiedade é substituída pela leveza da ilusão de controlar os acontecimentos por meio da escolha do nome do bebê.

O problema é quando, sem que se perceba, fantasias acerca do futuro do bebê alcançam toda uma vida: vai ser dentista, advogado, médico, artista... E transformam-se em um projeto a ser imposto ao bebê, antes mesmo que ele nasça! Quando isso acontece, a criança não é olhada de verdade para poder ser descoberta aos poucos pela mãe. Sim, porque *cada ser que nasce é um indivíduo que deverá se construir como pessoa com uma identidade que lhe é própria.*

É um processo delicado, longo, que começa nesse primeiro ambiente habitado pelo bebê, pois os sentimentos envolvidos na expectativa da mãe (e também do pai, neste momento ainda em segundo plano) já podem estabelecer um padrão de relacionamento entre mãe e filho.

Você pode estar se perguntando sobre a criança adotada. Como a questão do primeiro ambiente se dá em casos de adoção?

Se estamos falando de quão importantes são os sentimentos vividos em relação ao bebê que está sendo gestado, não podemos negar que o desamor por parte da progenitora, a rejeição, o abandono, até a repulsa, são reações de desacolhimento que podem deixar suas marcas. Tal atitude pode chegar ao ponto de colocar em risco a saúde do bebê em formação, como acontece, por exemplo, se a mãe faz uso de drogas.

Quando a criança é abandonada pela genitora e entregue para adoção, as marcas que porventura tenham ficado na criança terão a chance de ser superadas por meio do relacionamento com a mãe adotiva – que será a mãe de verdade.

Mesmo quando a progenitora (mãe biológica) oferece um ambiente desfavorável, a candidata a mãe adotiva está experimentando expectativas semelhantes às mães que gestam prazerosamente e aguardam com ansiedade seus bebês. E o ambiente satisfatório já começa a ser oferecido àquela criança que está para chegar.

Estou me referindo, portanto, ao primeiro ambiente externo oferecido ao bebê: o corpo da pessoa que cuida – a pessoa que exerce a função materna, e que chamamos de mãe –, bem como a mente dessa mãe.

O corpo da mãe se oferece para o colo, os abraços, os beijos, as carícias, os contatos de pele com pele, as mamadas. A mente da mãe se oferece para o amor, o acolhimento daquela criatura que ainda não sabe se expressar com palavras. É a mente da mãe que tenta compreender o que sente e do que necessita o bebê a cada momento. E busca interpretar a linguagem de seu filho de maneira a tornar o ambiente o mais confortável possível para seu desenvolvimento saudável.

Quantas vezes vemos mães conversando com seus bebês de um jeito que parece que estão se entendendo? A mãe diz que um choro corresponde ao desejo de mamar, outro choro é de frio, um terceiro é necessidade de colo... Dessa forma, decodificando as manifestações primitivas infantis, a mãe vai acalmando as dores e os anseios do bebê, e vai criando o ambiente propício para a construção de uma pessoa com identidade própria.

Explicando melhor: a mãe cuja mente está aberta para tentar compreender o que o bebê necessita está olhando para aquela pessoinha, atenta ao tipo de gente que está surgindo. Ela vai dando nome a cada necessidade e sofrimento do bebê, acalmando-o, e é como se estivesse decifrando um código ou desvendando um enigma: quem é esta criança?

Essa mãe ajuda a criança a se desenvolver respeitando suas particularidades, ou seja, favorecendo a constituição dela como alguém que é ela mesma.

> A criança não é a realização de um projeto da mãe, ou do pai, ou dos avós, ou seja lá de quem for. Ela é uma pessoa com um jeito de ser próprio que vai influir predominantemente na definição de sua identidade.

Assim, é imprescindível que a criança seja ajudada, desde os primeiros tempos, a percorrer esse sofisticado *processo de desenvolvimento da sua identidade*. Como é um processo fundamentalmente criativo, a criança precisará de bastante atração pela vida – *libido*, sobre a qual falei anteriormente. Relembremos:

> Libido é a energia da atração pela vida que impulsiona para a sua preservação, para a criação, para o progresso, e está na base de todas as manifestações amorosas e construtivas, seja no bebê, na criança, no jovem, no adulto ou no idoso.

Atrair para a vida

A pessoa que cuida do bebê (a quem nomeamos mãe) é aquela que exerce as *funções maternas* e, como já se disse, pode ser pessoa de qualquer idade, gênero, parentesco etc. E, dentre tais funções, está convidar o bebê para a vida. Até mais que isso: é preciso atrair, cativar, seduzir o bebê para a existência no mundo.

A mãe cuidadora faz isso sem perceber, intuitivamente, quando ela encanta o bebê com seu amor, a cada banho, mamada, conversinha do tipo gugu-dada, cada canção de ninar, cada toque de pele, cada vez que a mãe parece adivinhar qual é a necessidade do filho... Há um enlevo que parece enfeitiçar a ambos, parece que estão mergulhados em um mundo que é só dos dois: a dupla mãe -bebê. Dessa forma, o bebê vai fomentando sua atração pela vida, seu prazer em viver, vai sendo libidinizado pelo adulto cuidador.

Pode até se assemelhar, em certa medida, ao estado intrauterino, porém não é mais dentro do corpo da mãe, não há mais a continuidade que havia quando dois eram um só e uma espécie de fusão permitia que não houvesse nenhuma separação entre o bebê e a genitora. Agora é o mundo de fora, exterior, e já ocorreu a primeira separação entre aquelas duas pessoas. *Agora são, de fato, duas pessoas.* E uma é totalmente dependente da outra para sobreviver.

Além dos cuidados básicos com a saúde da criança, além de realizar as tarefas cotidianas, cabe ao adulto cuidador exercer uma das suas mais importantes funções: *seduzir o bebê para a vida*, de forma que ele tenha cada vez mais energia vital para lidar com os momentos difíceis, os desprazeres inevitáveis. Ao estimular as sensações prazerosas para que estas sejam predominantes sobre os inelutáveis desprazeres, a mãe está ajudando aquela criança a abastecer uma espécie de reservatório de libido, como uma caderneta de poupança de energia vital, que será um alicerce para a autoestima.

Como consequência, há ainda o valoroso benefício da confiança em si e no mundo ao redor, esperança de que se pode contar com ajuda e força para aceitar as inevitáveis frustrações.

E quem sou eu?

A noção de amor por mim mesmo e pelo outro que não sou eu e é separado de mim por um limite invisível também tem seu fundamento nesse relacionamento tão antigo que parece até se perder em nossa memória. Ou seja: o *"quem sou eu?" vai se delineando aos poucos, à medida que a relação entre bebê e adulto cuidador vai marcando a diferença entre um e outro.*

São pequenos momentos em que há entendimento de uma ansiedade infantil, compreensão de alguma emoção própria daquela pessoinha em desenvolvimento, aceitação de um comportamento inesperado como um choro prolongado, uma evacuação fora de hora, uma "birra" qualquer... Pode-se dizer que são momentos em que há um olhar da mãe para aquela criança específica, um anseio de atender àquela pessoa que é diferente dela, de entender quem é o filho.

O adulto que assim procede está preparando o filho para conhecer a si mesmo *por meio* do olhar do adulto. É um tipo de olhar que funciona como um espelho de dupla funcionalidade: um espelho em que o bebê se mira e se "vê" como alguém muito especial, lindo, amado, como aquele espelho mágico do conto de fadas: "Espelho, espelho meu, há alguém no mundo mais bonito e querido do que eu?", e o espelho mágico-olhar materno responde: "Não! Não há ninguém tão lindo e tão querido!". E o bebê vai se alimentando dessa imagem boa de si mesmo e reforçando o abastecimento de seu reservatório de amor por si mesmo.

A outra funcionalidade do olhar materno é a descoberta de quem ele é na totalidade. Na medida em que a mãe olha para o bebê buscando conhecê-lo, acolhendo-o com todas as suas manifestações, aceitando-o do jeitinho que ele é, tanto nos bons quanto nos maus momentos, o bebê também vai apreendendo a tolerância dos bons e maus momentos, dos bons e maus aspectos de si mesmo.

Explicando melhor: uma criança, mesmo as mais pequeninas, tem seus momentos de serenidade e outros de ansiedade. Quando há satisfação, conforto, há tranquilidade e a criança fica serena e fácil de lidar. Parece ser o bebê ideal! Mas há muitos momentos de insatisfação, desconforto, que podem ser provocados por estímulos internos ou externos, como fome, sede, calor, frio, dor, coceira, mal-estar, sono, desamparo, raiva... São momentos em que o bebê chora, berra, se debate, fica agitado, difícil de lidar.

Se a mãe puder suportar as situações difíceis, buscando aceitar e compreender seu filho mesmo quando ele é diferente do bebê ideal, ela o está aceitando em sua totalidade, e ajudando-o também a aceitar a si mesmo na totalidade. Não apenas as partes boas, calmas, serenas e fáceis. Mas o todo! Lembra-se da definição de autoestima?

A *genuína autoestima* é gostar de si com tudo aquilo que se é. É reconhecer os próprios valores, atributos, qualidades, competências e, *ao mesmo tempo*, reconhecer, tolerar, aceitar e tentar lidar com as incompetências, as falhas, as características que não se aprecia em si. Autoestima é o sentimento de apreço que o indivíduo tem pela pessoa que ele é, em sua totalidade.

Neste ponto, é preciso lembrar que um adulto que tem em si mesmo uma boa reserva de autoestima há de saber de antemão que sempre haverá alguma falha em seu procedimento relacional com seu filho. Sempre! Há os bons e os maus momentos para o adulto também, claro! Há aqueles momentos em que o cuidador está cansado, ou irritado, ou mais triste. Situações em que é difícil se mostrar totalmente à disposição das demandas de uma criança. Porém, como eu disse antes: a noção das falhas humanas, dos limites, não permite que se caia na armadilha da ilusão de ser perfeito. Não há bebê perfeito, não há mãe perfeita.

O adulto com autoestima funcionando na medida aceita com serenidade suas falhas e, consequentemente, tem mais condições emocionais para reconhecê-las e tentar corrigi-las. Conforme vai se corrigindo, vai aprendendo cada vez mais a exercer as funções de acolher, aceitar e compreender uma criança em seu *todo*.

Eu disse que esse relacionamento é tão antigo que parece se perder na memória. Parece, mas não se perde.

> Há um registro de lembranças afetivas guardadas no inconsciente.

Tais lembranças afetivas, baseadas principalmente em sensações, vão constituindo o reservatório de vida que nos abastece quando precisamos. E é nesse reservatório que guardamos nossa provisão de autoestima.

12. Abastecimento ao longo da vida é a caderneta de poupança de autoestima

Até aqui, demos ênfase às primeiras relações do sujeito com o mundo, desde sua vida intrauterina. Agora, é hora de expandir as vivências.

A criança cresce e outras pessoas começam a ter importância na sua vida além da mãe. Cada relacionamento pode somar ingredientes que alimentam o reservatório inconsciente de vida, em que se firma a autoestima. Pai, avós, tios, primos, vizinhos, babás, professores, amigos, todas as pessoas podem colaborar para incrementar ou não essa espécie de banco de valores internos.

Pense em uma caderneta de poupança. Se você começa a depositar desde os primeiros tempos e continua fazendo depósitos pela vida afora, seu saldo vai aumentando, você vai se sentindo mais seguro. Há momentos em que você vai precisar fazer retiradas, maiores ou menores. E sua segurança vai depender do quanto de reservas você acumulou. Quanto mais antigos são os depósitos, mais juros eles rendem, porém, em qualquer época, depósitos são bem-vindos e rendem juros na caderneta.

É assim com o tal reservatório de autoestima. Os depósitos começam desde muito cedo e continuam durante toda a vida. Vez ou outra, precisamos usar os recursos que temos guardados. Vamos a um exemplo.

A *história do Vicente*

Vicente é um rapaz de 25 anos que decidiu ser dançarino. Seus pais tinham mil planos para o futuro, contando com o filho para gerenciar a loja de doces da família. Pagaram uma faculdade de Administração imaginando que seria um bom investimento no amanhã. Tudo ia aparentemente bem entre Vicente e os pais, que aceitavam a dança como um passatempo lúdico do filho. Até o dia em que Vicente revelou seu plano profissional.

Todo o projeto dos pais veio por água abaixo. Foram tomados por sentimento de frustração com aquele filho que lhes decepcionava, lhes roubava os planos, não obedecia ao *script*, um filho que tinha a ousadia de pretender escrever a própria história. Criticaram Vicente, acusaram-no de ingratidão, despejaram palavras ofensivas, humilharam-no com seu desprezo. Rejeitaram Vicente a ponto de lhe mandarem sair de casa e buscar outro lugar para morar.

Vicente sofreu bastante com o repúdio dos pais, porém, seguiu em frente com seu projeto de vida. Depois de muita batalha, foi construindo seu caminho na profissão que escolheu. Vicente contou com a ajuda de amigos: importante apoio fraterno que o ajudou a sustentar seu amor próprio gravemente ferido pelos pais rejeitadores.

E Vicente contou com alguma reserva de autoestima que ele tinha dentro de si. Como se fosse uma caderneta de poupança, Vicente utilizou recursos valiosos que tinha guardado em seu reservatório de vida, sua poupança de autoestima, para enfrentar o infortúnio e a dor da rejeição dos pais.

É importante lembrar que esse processo é inconsciente, isto é, Vicente não se dá conta de que está utilizando recursos valiosos guardados dentro de si. Porém, os resultados são visíveis. *Somente com razoável estoque de autoestima, acrescido de provimento adicional feito pelos amigos, Vicente foi capaz de lidar com o sofrido revés em sua vida, sem se abater, sem desistir, sem abrir mão de sua identidade.*

É fácil perceber que, naquele momento, os pais de Vicente não voltaram seus olhos para o filho. Eles estavam voltados apenas para si mesmos, para seus planos, seus desejos. Voltados para seus próprios umbigos, esperavam ser atendidos em seus próprios narcisismos.

13. Resiliência

Nos últimos tempos, muito se tem falado sobre resiliência,[1] conceito que veio da física e se refere à propriedade de certos materiais de retornarem à sua forma original depois de serem submetidos a algum choque que lhes deforma. Por exemplo, a capacidade que tem um elástico de voltar ao que era depois de ser esticado.

O termo resiliência tem sido utilizado para descrever a capacidade que certas pessoas têm de se recuperar de traumas, valendo-se de certa elasticidade psíquica que lhes permite dar a volta por cima, mesmo nas situações mais dramáticas. É claro que jamais se volta a ser o que se era depois de uma situação traumática. Vicente se recuperou do choque de ter sido tão maltratado pelos pais, foi em frente, seguiu sua vida. Porém, a experiência vivida deixa marcas que podem ser aproveitadas para aprendizado. E Vicente aprendeu bastante. Principalmente a ser ele mesmo, a viver com autonomia, independência e fiel aos seus princípios.

---

1 Cyrulnik (2006).

A trajetória de Vicente só foi possível por causa de sua capacidade de resiliência, e essa capacidade parece ter sua sustentação nos mesmos pilares da autoestima. Parece que ambas, resiliência e autoestima, caminham juntas, são irmãs com a mesma essência.

Na bela música *Volta por cima*, de Paulo Vanzolini,[2] pode-se perceber esse parentesco. Certamente você conhece a música, já deve tê-la cantado, mas agora preste especial atenção às palavras:

Chorei, não procurei esconder

Todos viram, fingiram

Pena de mim, não precisava

Ali onde eu chorei

Qualquer um chorava

Dar a volta por cima que eu dei

Quero ver quem dava

Um homem de moral não fica no chão

Nem quer que mulher

Venha lhe dar a mão

Reconhece a queda e não desanima

Levanta, sacode a poeira

E dá a volta por cima.

Agora, depois de tudo que você leu até aqui, responda: o que é preciso para que uma pessoa chore livremente, sem criticar seu

---

2 Disponível em: <https://www.vagalume.com.br/paulo-vanzolini/volta-por-cima.html>. Acesso em: 7 jan. 2018.

sentimento, sem esconder de si mesmo nem dos outros que está triste? E, mais importante, o que é preciso para que uma pessoa reconheça a própria queda, reconheça uma falha em si mesmo, sem que isso lhe tire o ânimo nem abale sua confiança?

Sim! É preciso autoestima! E somente reconhecendo a queda com coragem, com confiança em si e em seus recursos internos, a pessoa se levanta, utiliza sua resiliência, sacode a poeira e dá a volta por cima.

14. O que fazer?

Depois de ler até aqui, pode ser que você tenha se identificado com alguma das situações descritas. Pode ser que você tenha até ficado aflito por causa disso. Mas é preciso que você saiba que ninguém mantem um nível de autoestima inabalável durante toda a vida! Há pequenas variações, como o leve movimento de um mar tranquilo. Afinal, estamos todos vivos, em constante dinâmica, não somos estátuas imóveis feitas de pedra.

> Pequenas alterações na medida da autoestima não representam prejuízo significativo às relações com o mundo.

São as intensas variações que se fazem sentir e produzem efeitos danosos à vida de relações, perturbam e até impedem o bem-estar da pessoa no mundo. Provocando no sujeito o sentimento de desvalorização, são obstáculo para a criatividade e para a busca de relacionamentos férteis. Justamente por sermos seres dinâmicos e não estáticos, podemos contar com a possibilidade de mudança.

E o que fazer para mudar?

Ao se fazer essa pergunta, você já deu o primeiro passo, que é o mais importante: reconhece que algo não está funcionando bem em você e precisa mudar. Lembre-se de que o reconhecimento de que há uma falha no funcionamento pessoal já exige certo grau de autoestima! Além disso, a pergunta implica esperança de transformação.

Você pode tentar lidar com a desmedida de autoestima estabelecendo conversas sinceras consigo mesmo, fazendo avaliações de suas capacidades e incapacidades o mais imparcialmente possível. É um mergulho para dentro de você, para a sua subjetividade. É um enfrentamento que exige coragem, mas também uma possibilidade de constatação de qualidades desconhecidas.

Você pode contar com amigos ou familiares, pessoas em quem você confie para desbravar esse terreno. Se neste ponto você freou e disse que não há ninguém confiável ao seu redor, é hora de avaliar suas companhias.

> Observe se a alteração na medida de sua autoestima lhe levou a escolher companhias que lhe empobrecem, lhe prejudicam, lhe exploram, lhe diminuem, lhe paralisam.

Um novo olhar

Contudo, há dificuldades que não se transformam com facilidade. Como boa parte de nossas emoções não nos é acessível, pois é inconsciente, podemos precisar de ajuda especial para chegar a tais emoções e desfazer os nós que atravancam o pleno uso de nossas riquezas.

Para isso, o melhor é recorrer ao auxílio de um profissional. O olhar de uma pessoa de fora, alguém que possa escutar com isenção e sem julgamentos morais, poderá ajudá-lo a pensar de uma forma nova, diferente da maneira como você vem fazendo.

Há diversos serviços que oferecem atendimento psicológico em universidades, sociedades de psicanálise, centros de saúde. Procure ajuda. Invista em você!

Referências

CYRULNIK, B. **Falar de amor à beira do abismo**. São Paulo: Martins Fontes, 2006.

EM BUSCA DO OURO. **Direção de Charles Chaplin**. Los Angeles: United Artists, 1925. 96 minutos.

LEMOS, M. **De onde vem o dinheiro que os blogueiros ganham?** 16 jan. 2013. Disponível em: <https://ferramentasblog.com/de-onde-vem-dinheiro-que-blogueiros-ganham/>. Acesso em: 30 set. 2018.

MACHADO, I. **Literatura e redação**. São Paulo: Scipione, 1994.

MENDES, S. **O velho, o menino e o burro**. 11 jan. 2016. Disponível em: <https://www.abcdobebe.com/comunidade/contos-infantis/o-velho-o-menino-e-o-burro/amp/>. Acesso em: 17 set. 2017.

PROCATI, L. L. Blogueiras, interagentes e consumidores: identificando relações com a moda e beleza. **Revista Anagrama**, v. 5, n. 1, 23 jun. 2011.

ZELIG. **Direção de Woody Allen**. Burbank: Warner Bros., 1983. 79 minutos.

Filmes recomendados

Blue Jasmine

Direção: Woody Allen (EUA, 2013)

Uma mulher milionária perde todo seu dinheiro e é obrigada a morar em São Francisco com sua irmã e os sobrinhos em uma casa bem modesta. Ela acaba encontrando um refinado homem que pode resolver seus problemas financeiros, mas antes precisa descobrir quem é e aceitar sua nova condição de vida.

Cyrano de Bergerac

Direção: Jean-Paul Rappeneau (França, 1990)

Baseado na peça de teatro homônima escrita por Edmond Rostand, em 1897, este filme é brilhantemente atuado por Gérard Depardieu. O personagem principal, Cyrano, homem de múltiplos talentos, é apaixonado pela prima Roxane, porém guarda segredo de seu amor por se sentir muito feio por causa de seu imenso nariz. A moça se interessa por um belo rapaz e Cyrano empresta suas palavras poéticas para que o rapaz seduza Roxane, que, de fato, se apaixona pela beleza das palavras, sem saber que eram produzidas por Cyrano, e não pelo belo rapaz que a cortejava.

O diabo veste Prada

Direção: David Frankel (EUA, 2006)

Neste filme, acompanhamos a história de Andrea Sachs, uma jornalista em início de carreira que decide trabalhar como assistente em uma importante revista de moda para dar o pontapé inicial em sua vida profissional. A princípio, ela não se encaixa muito bem nesse trabalho, pelo modo como se veste e age, mas aos poucos vai entendendo como esse "novo mundo" funciona e passa a se adaptar, seguindo as tendências da moda e vivendo em função de sua chefe, Miranda Priestly. Graças a isso, ela se torna uma figura importante e reconhecida no mundo da moda, mas vai deixando sua vida pessoal cada vez mais em segundo plano.

O discurso do rei

Direção: Tom Hooper (Inglaterra, 2010)

Nesta história, o príncipe Albert da Inglaterra assumirá o trono como Rei George VI, mas a sua gagueira o atrapalha na comunicação. Sabendo que o país precisa que seu marido seja capaz de se comunicar perfeitamente, sua esposa, Elizabeth, contrata Lionel Logue, um ator e fonoaudiólogo australiano, para ajudar o príncipe a superar a gagueira.

Dogville

Direção: Lars von Trier (Dinamarca, 2003)

Trata da história de uma moça que se refugia de uma perseguição em uma pequena cidade, onde, em troca de sua aceitação, passa a trabalhar para todos de maneira submissa. A submissão e o masoquismo, seu irmão gêmeo, com toda a carga de agressividade contra si mesmo, acabam por se transformar em seus reveses, com a violência voltada para os outros. Os dois tipos de agressividade são encenados de maneira exemplar e surpreendente. É o anseio de ser aceito levado às últimas consequências.

Quero ser John Malkovich

Direção: Spike Jonze (EUA, 1999)

O filme conta a história de Craig Schwartz, que descobre em seu emprego uma passagem que leva ao interior da mente do ator John Malkovich, onde se pode permanecer por 15 minutos. O desejo de viver a vida de uma celebridade, se sentir como o próprio e ter seus 15 minutos de fama atrai muita gente, que faz fila e paga para usufruir do prazer de ser o que não é, de viver experiências fantasiadas.

Roxanne

Direção: Fred Schepisi (EUA, 1987)

Mais uma releitura do clássico Cyrano de Bergerac, dessa vez ambientado em pequena cidade norte-americana, em tempos atuais. O ator é Steve Martin, o narigudo que não tem coragem de declarar seu amor à bela Roxanne, e pede ao amigo que assuma a autoria de seus versos de amor.

O talentoso Ripley

Direção: Anthony Minghella (EUA, 1999)

Tom Ripley já havia sido interpretado por Alain Delon, em 1960, no filme *O sol por testemunha*, com direção de Renè Clément (França, 1960). *O talentoso Ripley* é a refilmagem de 1999, com Matt Damon no papel principal e direção de Anthony Minghella. Na história, o jovem Ripley não se adapta à sua própria pele, ansiando por viver a vida de rico que tem seu amigo. Ele acaba falsificando a sua identidade e levando até as últimas consequências seu desejo de ser o outro.

Zelig

Direção: Woody Allen (EUA, 1983)

O personagem Leonard Zelig sente uma forte necessidade de ser aceito por todos que o cercam. Para alcançar esse objetivo, consegue transformar sua aparência de tal forma que acaba por se tornar sempre igual a quem está ao seu lado. Assim, Zelig surge no filme de diversas maneiras: ora negro, ora chinês, ora obeso, ora magro, jovem, idoso, comunista, nazista, judeu ortodoxo, ao lado do Papa... Ele fica conhecido como o "Homem Camaleão" e, em suas aventuras, conhece a glória e a ruína.

Livros recomendados

Stoner

John Williams (Tradução de Marcos Maffei, Rádio Londres, 2015)

Neste livro, acompanhamos a vida de William Stoner em seu esforço e sua dor para se diferenciar do projeto traçado para ele pelos seus pais, camponeses humildes que desejavam vê-lo cuidando da pequena fazenda familiar. Stoner segue seu próprio caminho, guiado pelo amor à literatura, e torna-se professor universitário, levando uma vida aparentemente sem emoções. Uma história de vida comum contada de maneira simples e, talvez por isso mesmo, muito comovente.

O retrato de Dorian Gray

Oscar Wilde (Tradução de Paulo Schiller, Penguin Companhia das Letras, 2012)

Publicado pela primeira vez em 1891, este livro conta uma história bastante atual. O protagonista Dorian é apresentado no início do livro como um belo rapaz virtuoso e inseguro. Aos poucos, Dorian se entrega à tentação do prazer a qualquer preço, ideia que lhe é apresentada pelo personagem Lorde Henry. Tomado pela sedução de permanecer belo e jovem para sempre, Dorian torna-se alguém leviano, que leva às últimas consequências a busca pelo prazer. Ele leva uma vida dupla, em que seu retrato a óleo funciona como um espelho mágico terrível, que vai se desfigurando à medida que a alma de Dorian vai se tornando diabólica.

Dom Casmurro

Machado de Assis (Penguin Companhia das Letras, 2016)

Escrito em 1899, este é um clássico da literatura brasileira. Nele, Bento Santiago, um senhor de idade apelidado de Dom Casmurro, rememora sua vida desde a infância, passando pelo tempo em que frequentou o seminário, e se detém na conturbada relação com a esposa Capitu e com o amigo Escobar. O intenso e incontrolável ciúme, com suas danosas consequências é personagem principal da história.

A distância entre nós

Thrity Umrigar (Tradução de Paulo Andrade Lemos, Globo, 2015)

O livro retrata a difícil relação entre uma patroa e a empregada na Índia, ambas mulheres sofridas e desvalorizadas que necessitam lançar mão de forte resiliência e autoestima para superar os entraves que surgem em suas vidas. Em uma fértil aliança fraterna, ambas se fortalecem.

Músicas recomendadas

Maria, Maria
Intérprete: Milton Nascimento
Compositores: Milton Nascimento e Fernando Brant

Volta por cima
Intérprete: Beth Carvalho
Compositor: Paulo Vanzolini

O sol nascerá
Intérprete: Cartola
Compositores: Cartola e Elton Medeiros

Suíte dos pescadores
Intérprete: Maria Bethânia
Compositor: Dorival Caymmi